Hanni Reichlin-Meldegg

Aura-Soma & Feng Shui

Aquamarin Verlag

Hanni Reichlin-Meldegg

Aura-Soma
& Feng Shui

IMPRESSUM
1. Auflage 2001

Voglherd 1 • D-85567 Grafing

Layout: Annette Wagner
Photos: Peter Andreas Korp,
Ralf Blechschmidt und Richard Newton
Gedruckt in Leipzig
ISBN 3-89427-161-2

Inhalt

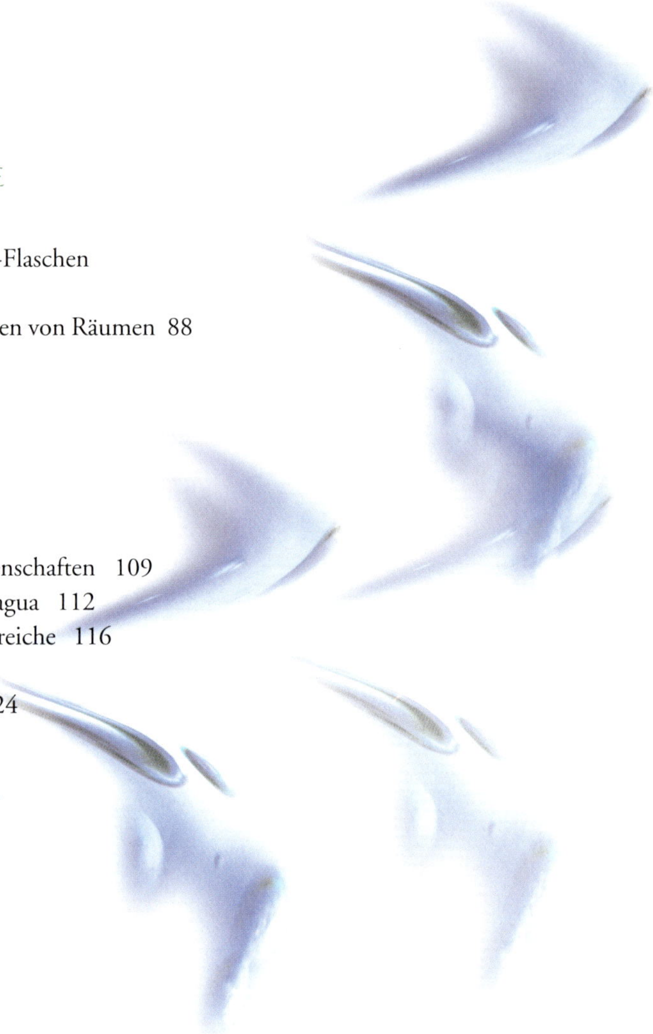

VORWORT

Es ist mir ein großes Vergnügen, dieses Buch vorzustellen, denn ich bin überzeugt, dass dort, wo wir leben, in unserem Haus, in unserer Wohnung und an unserem Arbeitsplatz, die Schlüssel für unser Wohlbefinden und unser Glücklichsein liegen.

Ich kenne Hanni Reichlin seit vielen Jahren. Sie arbeitet seit langem sehr eng mit mir zusammen in der Entwicklung von Aura-Soma, nicht nur in Österreich, sondern in der ganzen Welt.

Sie ist eine persönliche Freundin und auch jemand, der seine Spiritualität lebt. Ich schätze mich glücklich, sie zu kennen. Es war interessant, über die Jahre zu beobachten, wie viele Dinge sich aus ihrer eigenen Intuition heraus entfaltet haben. Ihr Verstehen von Feng Shui und die Art und Weise, wie sie diese alte Wissenschaft in Bezug zu Aura-Soma setzt, ist von großer Tiefe gekennzeichnet. Durch ihre Arbeit zeigen sich viele Möglichkeiten, um Menschen zu helfen, glücklicher und zufriedener zu werden in ihrem Umfeld, in ihren Beziehungen und an ihren Arbeitsplätzen. Es öffnen sich Tore, um die äußerst interessante Verbindung von Feng Shui und Aura-Soma mit Leben zu erfüllen.

Jedes Buch ist wie ein Wesen, das ein Eigenleben führt. Es kann nun interessant sein, einen speziellen Platz für dieses Buch in Ihrem Heim zu finden und zu beobachten, was sich dadurch verändert. Ich denke, dass ein Werk, welches sich mit Schönheit auseinandersetzt, ein Schatz ist. Wenn Schönheit und Weisheit zusammenfinden, kann sich der Glanz des Schatzes entfalten. Sie werden einiges mehr über die Bedeutung der richtigen Gestaltung Ihrer Welt durch dieses Buch erfahren. Mein Gefühl sagt mir, dass es zu einem Schatz für viele werden wird.

Ich hoffe und wünsche den Lesern und Leserinnen, dass sie diese Entdeckungen so aufregend finden wie ich selbst.

Mike Booth

Einleitung

Im Oktober 1992 trat Aura-Soma in mein Leben. Aus einem Zeitungsartikel erfuhr ich über die Existenz dieses wunderbaren Farben-Energiesystems. So neu es auch war, so selbstverständlich schien es mir doch zu sein. Aura-Soma war das Dach über all dem, was ich bis zu diesem Zeitpunkt an Erkenntnissen zusammengesammelt hatte - Aromatherapie, feinstoffliche Heilweisen, Heilkräfte von Kristallen und die Farbheilkunde.

Von da an war mein Weg klar vorgezeichnet. Es folgte ein erster Kurs mit Mike Booth in der Schweiz, später die Ausbildungskurse in England zur Aura-Soma Beraterin und dann die Fortbildung zur Lehrerin für die komplette Beraterausbildung. Mike Booth war mein wunderbarer Lehrer. Seine Kurse waren von einem besonderen Geist erfüllt. Auf allen Ebenen des Seins ereignete sich ein Informationsaustausch, und große Schritte zur Ganzwerdung durften geschehen.

Seit ich mit Aura-Soma arbeite, weiß ich aus eigener Erfahrung, was es heißt, im Fluss zu sein. Wenn der richtige Zeitpunkt gekommen ist und es im göttlichen Plan vorgesehen ist, darf alles wie von selbst geschehen - unter der Voraussetzung, dass wir den Boden bereiten und uns mit ganzem Herzen zur Verfügung stellen. Dies erfordert einen großen Arbeitseinsatz, doch die Bestätigung, dass die Energien richtig eingesetzt sind, folgen auf den Fuß.

Meine Vision, Aura-Soma in Österreich aufzubauen und zu verbreiten, stand von Anfang an fest. Vicky Wall, die Begründerin von Aura-Soma, war zu diesem Zeitpunkt nicht mehr auf dieser Erde, doch ich empfand mit ihr eine sehr intensive geistige Verbindung. Das Versprechen, Aura-Soma in Österreich aufzubauen, gab ich ihr und bat sie um ihre Unterstützung. Diese Unterstützung und Führung war besonders in den Anfangszeiten sehr stark spürbar. Jetzt ist auch Mike Booth als spiritueller Begleiter und Lehrer an meiner Seite, was ich sehr zu schätzen weiß.
Meine drei wunderbaren Kinder, Stefan, Georg und Martina, sind erwachsen und meine Freunde. Mein damaliger Mann hat mich ebenfalls in der Aufbauphase sehr unterstützt. Allen Lehrern und Freunden auf dieser und in der geistigen Welt danke ich von Herzen.

Das Lernen hört nie auf und macht das Leben wirklich spannend. Die Neugier, neue Verbindungen zu entdecken und verschiedene Bereiche des Wissens zu vernetzen, brachte mich zu Feng Shui. In Gerald Peter Ritzberger fand ich einen Lehrer, der mir Feng Shui auf eine Art näher brachte, die meinem ganzheitlichen Ansatz entsprach. Er half mir, meine Intuition zu öffnen und zeigte mir meinen eigenen Zugang und mein eigenes Verständnis von Feng Shui.

Schon während der Ausbildungswochen gewann ich ständig neue Einsichten, und die Verbindung von Feng Shui zu Aura-Soma war mir offensichtlich. Der Schritt zum Schreiben dieses Buches ergab sich ganz natürlich. Die geistige Führung zeigte sich auch, als Mike Booth mich zu einem Abendessen mit seinem Verleger in Zürich einlud, ohne zu wissen, dass ich ein Buch plante. Das Zusammentreffen mit Peter Michel erwies sich als schicksalhaft, denn das Thema Aura-Soma und Feng Shui interessierte ihn sofort. Freude und Dankbarkeit erfüllt mich, dass dieses Buch im Aquamarin Verlag erschienen ist, wo schon so viele bedeutsame Bücher über Aura-Soma publiziert wurden.

Aura-Soma ist ein Spiegel unserer Seele. Die Wahl von vier der bunten Flaschen zeigt uns dies sehr deutlich. Auch Feng Shui ist ein Spiegel, denn die Wohnung eines Menschen zeigt uns ebenfalls sehr aufschlussreich, wer hier wohnt. Wenn wir lernen, die verschiedenen Zeichen zu lesen, wird uns eine tiefe Innenschau zuteil.

"Der Erkennende ist nicht vielwissend,
der Vielwissende erkennt nicht."

Aura-Soma wirkt von innen nach außen, Feng Shui wirkt von außen nach innen. Wir haben hier jeweils eine Spiralbewegung, zusammen eine Doppelspirale, rechtsdrehend, linksdrehend - die Doppelhelix. Eine Spirale, die alles umschließt, nichts ausklammert, die eine Einheit bildet. Zwei Seiten, die zusammenkommen und eine Einheit bilden.

Mit Aura-Soma stärken wir das Energiefeld des Menschen. Aura-Soma dient der Bewusstwerdung. Wenn wir laufend an uns arbeiten und täglich Aura-Soma anwenden, unser Umfeld uns aber Energie kostet, wenn die Wohnenergie chaotisch oder einfach sehr schwach ist, dann wirkt das kontraproduktiv.

Wie sinnvoll ist da die Unterstützung auch von außen. Wir machen uns auch unser Umfeld bewusst und erkennen Schwachstellen und Disharmonie in unserer Wohnung und im Arbeitsbereich. Wir gehen dann daran, diese auszugleichen. Wir heben das Energiefeld im Äußeren und bekommen so auch in unserem weiteren Umfeld, in unserer weiteren Aura, die Energien zugeführt, welche uns in unserem Leben unterstützen.

Ein weiteres schönes Bild, wie Aura-Soma und Feng Shui zusammenspielen, zeigt sich, wenn wir die Elementeverteilung betrachten. Feng Shui heißt wörtlich "Wind und Wasser"; wir können sagen, Wind steht für Yang, Wasser für Yin. Aura-Soma heißt Licht und Körper (Lichtkörper), auch hier finden wir Yang und Yin. Von den Elementen steht Feng Shui für Luft und Wasser, Aura-Soma für Feuer und Erde - eine Ergänzung auch hier. Dies sind die vier uns bekannten Elemente. Der Äther ist das fünfte Element, die Mitte. Er vereint und überhöht die Vier und stellt die Verbindung zum Feinstofflichen her.

Als Antwort auf die Frage, was die Arbeit und die Verbindung von Aura-Soma mit Feng Shui für mich, für meine Seele bedeutet, zog ich aus dem Aura-Soma-Tarot die Karte B 94, den Erzengel Michael. Ich war sehr berührt. Die Aussage war und ist für mich: Der persönliche Wille, der sich mit dem Höheren Willen vereint, die Transformation von Altem, das Zusammentreffen von Gegensätzen, die Verbindung von weiblich-männlich, das Schwert von Michael, das Klarheit bringt, das Werkzeug für Ausrichtung und Zielgerichtetsein ist, das Trennen von nicht mehr Zusammengehörigem auf allen Ebenen. Michael, der Höchste der Erzengel, ist zuständig für das Erdgitternetz. In diesem geistigen Umfeld sah ich meine Aufgabe, die zu bewältigen mich mit großer Dankbarkeit erfüllte.

Aura-Soma ist für mich ein so wunderbarer Weg zur Bewusstwerdung, weil es ein nicht eingreifendes System ist. Will jemand Aura-Soma anwenden, wählt er seine Flasche selbst, geführt durch seine Intuition, durch sein Höheres Selbst, durch seine Seele, die sich auf Grund von Farben wieder erkennt.

Feng Shui ist eine uralte Lehre über die Energien unseres Umfeldes. Viele Meister haben ihre Weisheit weitergegeben, doch einiges von diesem Wissen ist nur im Kontext mit der Kultur zu deuten, aus der es entstanden ist. So besteht mein Ansatz, mit Feng Shui umzugehen, darin, altes Wissen anzuerkennen und dann nachzuspüren, inwieweit es sich in das heutige gesellschaftliche Umfeld einbringen lässt. Bei Beratungen steht für mich auch hier, wie schon bei Aura-Soma, an oberster Stelle das Prinzip - nicht einzugreifen.

Es geht mir darum, Menschen anzuregen, ihren eigenen Wahrnehmungen zu folgen, sich mit ihrem Umfeld auseinander zu setzen und dann durch die Anregungen, die sie durch dieses Buch bekommen und mit Hilfe ihrer eigenen Intuition, jene Feng Shui Maßnahmen zu ergreifen, die für sie ganz individuell stimmig sind.

Die Zeit der Abhängigkeit von Lehrern oder Meistern geht zu Ende. Wir alle sind aufgerufen, Selbstverantwortung zu übernehmen und den Meister in uns selbst zu erwecken, damit wir unabhängig in eine lichtvolle Zukunft gehen können.

So verstehe ich Aura-Soma als lichtvollen Begleiter und ein ganzheitlich-intuitives Feng Shui als beglückendes Werkzeug, um das eigene Umfeld und damit das eigene Leben bewusster zu gestalten. Mögen beide Systeme dazu beitragen, Mut, Ideen und Inspiration zu entfalten, um das Leben farben- und freudvoller und damit mit mehr Kraft und Erfüllung leben zu können.

Hanni Reichlin-Meldegg

AURA-SOMA
1

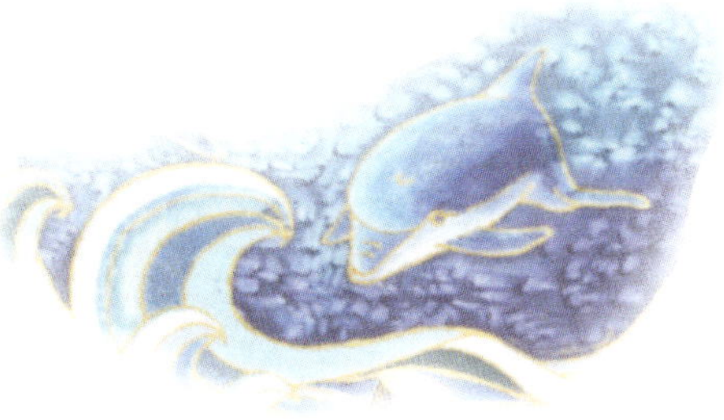

Die Entstehung von Aura-Soma

Als Vicky Wall (1919 in England geboren) Aura-Soma entwickelte, war sie sich selbst nicht ganz bewusst über das Ausmaß, das ihr Lebenswerk weltweit haben würde. Mit fast erblindetem Augenlicht, über sechzig Jahre alt, mischte sie die ersten Aura-Soma Farbflaschen. Sie war zwar von Jugend an höchst sensitiv und hatte durch ihre jahrelange Arbeit in einer Apotheke entsprechendes pharmazeutisches Wissen, zudem war sie mit seher- und heilerischen Fähigkeiten ausgestattet; aber die "Geburt" der ersten Flaschen war doch ein sehr geführter Vorgang. Es zeigte sich sehr bald, dass die Flaschen mehr waren als bunte Hautöle. Immer neue Erkenntnisse wurden zusammengetragen, immer neue Flaschen in verschiedenen Farbkombinationen kamen hinzu.

Inzwischen zählt man über einhundert Aura-Soma Equilibrium-Flaschen und es erscheint als sicher, dass neue Flaschen hinzukommen werden. Es ist ein lebendiges System, es entfaltet sich immer weiter und ist für neue Überraschungen offen.

DIE EQUILIBRIUM-FLASCHEN

Warum heißen die Flaschen "Equilibrium"? Equilibrium heißt Gleichgewicht, der ursprüngliche Name lautete daher auch Balance-Flaschen. Ihr Name sagt schon aus, dass diese bunten Flaschen durch die Anwendung am Körper oder durch das bewusste Aufstellen an einem bestimmten Platz etwas ins Gleichgewicht bringen, ausbalancieren können, wo auch immer Ungleichgewicht herrscht. Für die menschlichen Wesen, die gerade auf dieser Erde ihre Erfahrungen sammeln, gibt es sicher genügend Bereiche, die noch mehr Harmonie benötigen. Diese Bereiche sind die körperlichen, emotionalen, mentalen und spirituellen Ebenen unseres Wesens.
Um aus der Palette der über 100 bunten Flaschen die aktuelle Anwendungsflasche herauszufinden, wählt man vier Flaschen aus, die einem von allen am wichtigsten sind, die am besten gefallen, die einen 'Ruf' aussenden. Diese vier Flaschen stellen einen Spiegel der menschlichen Seele dar, ih-

rer Lebensthemen und Potentiale. Ausgebildete Aura-Soma BeraterInnen können nun diese vier gewählten Flaschen in Bezug zu der wählenden Person auf verschiedenen Ebenen "lesen", um Hilfestellung für Selbsterkenntnis und Weiterentwicklung zu liefern.

Wie sich noch zeigen wird, können diese Equilibrium Flaschen nicht nur als Informationsträger und Schlüssel zum eigenen Bewusstsein verwendet werden, sondern sie lassen sich auch für den Wohn- und Arbeitsbereich als Energieträger einsetzen. Die Glasflaschen, die mit einer wässrigen und einer öligen Flüssigkeit gefüllt sind, tragen die Energien von Farben in sich. Farbe ist die erste und sichtbare Information, die das menschliche Auge trifft. Farbe bildet das Herz von Aura-Soma. Farbe ist eine universelle Sprache, was sich im folgenden Kapitel noch zeigen wird. Außerdem ist in diesen Flüssigkeiten die Energie von Kristallen und von Pflanzen enthalten. Die Kräuter und Kristalle werden auf Grund der Farbsignatur den einzelnen Farben zugeordnet.
Aura-Soma verwendet die harmonisierende Kraft der Extrakte von Heilpflanzen und Aromaessenzen und die Energien von Kristallen und Mineralien, wie sie schon die weisen Heiler und die Hohenpriester, die gleichzeitig die Ärzte waren, in allen alten Kulturen einsetzten. „Alle Heilkräfte müssen im Inneren sein, nicht außen! Die Anwendungen aus dem Äußeren müssen im Inneren eine koordinierende geistige und spirituelle Kraft wachrufen", lehrte Edgar Cayce.

Als nun Vicky Wall gefragt wurde, wie sie dieses einzigartige System entdeckt habe, antwortete sie: "Ich habe in den Annalen der Zeit gesucht und geforscht und etwas gefunden, das in unserer Zeit wieder auftauchen sollte. Aura-Soma ist kein neues System, sondern eine alte Weisheit für eine neue Zeit. Es ist alter Wein in neuen Flaschen."

DIE POMANDER

Eine weitere Anwendungsmöglichkeit von Aura-Soma bieten die so genannten Pomander.
Der Begriff "Pomander" bezeichnet eine Zusammenstellung von Kräutern, die zur Reinigung, Harmonisierung und zum Schutz der Aura dienen. Sie sind in fünfzehn verschiedenen Farben erhältlich, mit jeweils herrlichen Duftnoten.
Man verteilt diese duftenden Essenzen auf den Händen - und zwar drei Tropfen in die linke

Handfläche - und fächelt sie in die Aura ein (das elektromagnetische Feld, das den Körper umgibt). Zum Abschluss atmet man diese Energien dreimal aus den Handtellern ein.

Sie dienen als Schutz vor Energien, die man nicht um sich haben möchte, und sie unterstützen jene Bereiche des Selbst, die im Einklang schwingen.

Wenn man sich Zeit nimmt, um die Aura auszugleichen und zu schützen, spürt man, wie Spannungen abfallen und erfährt, wie ein neuer Energiefluss entsteht. Jeder Pomander übermittelt die positive Energie seines Farbstrahls.

Die fünfzehn verschiedenen Pomander gibt es auch als Raumsprays, und so besteht die wunderbare Möglichkeit, diese feinstofflichen Energien in den Wohn- und Arbeitsbereich zu bringen. Dies gibt jedem ein sehr effektives Werkzeug an die Hand, um diese Energien zum Reinigen, Klären, Energetisieren und Harmonisieren seines Umfeldes einzusetzen. Die Kräfte der Farbschwingung sowie der Pflanzen- und Edelsteinenergien können auf sehr praktische Art und Weise in den Alltag integriert werden.
Die Menschen haben im Laufe der Geschichte immer wieder Duftstoffe benutzt, um die Atmosphäre in ihrer Umgebung zu reinigen und für eine bestimmte Aufgabe zu energetisieren. Bis zum heutigen Tag wird in Kirchen und Tempeln bei heiligen Handlungen Räucherwerk für Rituale und zur Reinigung verwendet.

Die Wahl des Pomanders bzw. des Raumsprays kann über die Farbe erfolgen oder über den Duft. In der Folge finden Sie eine Kurzinformation zu den einzelnen Pomandern, so dass Sie eine Anregung für deren Verwendung und den Einsatz im Wohn- und Arbeitsbereich erhalten. Es werden zwar Beispiele für die Anwendung in speziellen Räumen angeführt, folgen Sie aber bitte vorrangig Ihren Bedürfnissen und Ihrer Intuition. Die Intensität der Anwendung richtet sich nach Ihrem Gespür. Wenn Sie den Duft in Räume bringen, die Sie mit anderen teilen, beginnen Sie in kleinen Dosen, um die "Nasen" der anderen nicht zu überfordern. Wenn der Duft verflogen ist, bleibt die Schwingung bestehen.

POMANDER

DER ORIGINAL WEISSE POMANDER

Er dient der Reinigung der Aura und der Atmosphäre. Er bringt Licht herein und erneuert Energien.

RAUMSPRAY: Überall dort einzusetzen, wo Reinigung auf allen Ebenen angezeigt ist. Als Klärer von Fremdenergien, zur Erneuerung und Erfrischung der Atmosphäre, schafft er Raum für Neuanfänge. Weiß als Grundschwingung ist in allen Räumen angezeigt.

ROSA
"Nur für die Liebe"

Für die universelle, bedingungslose Liebe, die Wärme und das Mitgefühl, die alles im Leben möglich machen. Eine Schwingung für das eigene Wohlbefinden, auch in Zeiten, wo man sich besonders verletzlich fühlt. Sie verhilft zu einem tiefen Gefühl von Entspannung und Selbstannahme. Sie wirkt harmonisierend auf Gruppenenergien und Gruppenprozesse.

RAUMSPRAY: Die Atmosphäre von Sanftheit und Liebe für den Wohnbereich, für Kinderzimmer (Kindergarten), in Krankenhäusern und Sanatorien, im Arbeitsumfeld oder für die Arbeit mit Gruppen. Ein universell nutzbares Hilfsmittel!

TIEFROT
"Der Energetisierer und Beschützer"

Wirkt besonders schützend, erdend und energetisierend. Beide roten Pomander sind hilfreich, wenn es darum geht, sich nach Meditationen oder therapeutischen Sitzungen aller Art zu erden. Hervorragend geeignet für alle Situationen, in denen man sich energetisch ausgelaugt fühlt.

RAUMSPRAY: Haben Sie in manchen Räumen das Gefühl, sehr schnell müde zu werden? Tiefrot kann Sie davor schützen und aufbauen. Schutz vor Elektrosmog, vor energieabsaugenden Elementen.

ROT
"Energieausgleich"

Wirkt sanfter als der tiefrote Pomander. Hilft, Ärger und Feindseligkeit zu überwinden. Mindert Schüchternheit und hilft, mit Aggression und hitzigem Temperament umzugehen. Er wirkt energetisierend und verleiht neuen Schwung. Ist geeignet bei der Arbeit mit den Energien von Mutter Erde, beim Pendeln und Muten als Schutz, damit diese Arbeit nicht so viel Kraft kostet.

RAUMSPRAY: Als schützende und energetisierende Schwingung in Räumen, in denen Aktivität im Vordergrund steht.

KORALLE
"Spontane Freuden"

Bringt uns ein größeres Gefühl für Unabhängigkeit, aber auch Einblick für gegenseitige Vernetzung. Koralle erweckt und vermittelt ein tiefes Gefühl der Freude und Sinnlichkeit.

RAUMSPRAY: Eine frische Energie für den Wohn- und Essbereich, manchmal auch für das Schlafzimmer.

ORANGE
"Schockauflöser, tiefe Lebensfreude"

Hilft, mit Schocks und Ängsten umzugehen. Harmonisiert die Aura, wenn man "neben sich steht" und übt eine ausgleichende Wirkung auf das zweite Chakra aus. Schenkt Lebensfreude und Spaß am geselligen Beisammensein.

RAUMSPRAY: Um Freude in Gemeinschaftsräume zu bringen, um stagnierende Energien nach unangenehmen Erfahrungen aufzulösen. Wirkt den Appetit anregend im Essbereich.

GOLD
"Weisheit und Selbsterkenntnis"

Hilft, die Fülle in sich selbst zu finden, indem das gesamte Potential der eigenen Weisheit genutzt wird. Hilfreich bei unterschwelligen Ängsten und Unsicherheiten. Entspannt den Solarplexus, wo Gefühle von Angst und Furcht sich festsetzen. Man ist in der Lage zu akzeptieren, zu verdauen und zu entspannen.

RAUMSPRAY: Tiefe Freude und Zufriedenheit kann sich in Räumen ausbreiten, das Gefühl der Fülle und der Sicherheit bringt natürliche Heiterkeit.
Man kann jeden Raum "vergolden", um sich wohl darin zu fühlen.

GELB

"Sonnenlicht, Frische"

Gelb bringt das Sonnenlicht und wirkt stimmungsaufhellend. Hilfreich bei Spannungen, Stress, Nervosität und Ängstlichkeit. Unterstützt das Denken und Lernen, macht aufnahmebereit und heiter.

RAUMSPRAY: Bringt freudige Stimmung in Räume, bringt Sonnenenergie an trüben Tagen. Gut zur Unterstützung des Lernens im Kinder- und Jugendzimmer und für die geistige Arbeit im Büro. Frischer Duft für die Küche, heiterer Duft für den Geschäfts- und Verkaufsbereich.

OLIV

"Weisheit und Ausrichtung"

Oliv bringt Weisheit ins Herz, befreit von Angst und hilft, den eigenen Weg zu finden. Eine frische, regenerierende Energie. Hilft, wenn man sich eingeengt fühlt und Schwierigkeiten hat, in einer Situation eine klare Position zu finden.

RAUMSPRAY: Wenn Räume zu klein oder zu groß auf einen wirken, hilft Oliv, seinen Platz darin zu finden. Gut für Räume, in denen viele Beratungen stattfinden. Man kann es zwischen den Terminen zur Klärung verwenden.

SMARAGD-GRÜN

"Schutz für den eigenen Raum"

Dieses Grün bringt Frieden in den eigenen Raum und damit die Möglichkeit, den eigenen Weg zu finden. Es befreit von alten Ideen und öffnet für neue Entscheidungen, die man über das Herz treffen kann. Hilft, Eifersucht, Neid oder andere negative Gefühle zu klären.

RAUMSPRAY: Unterstützt bei geschäftlichen Verhandlungen, um allen Beteiligten Raum zu geben und gute Entscheidungen zu treffen. Frische Energie für Räume, in denen viel geraucht wird.

TÜRKIS

"Herzenskommunikation"

Hilft, auf kreative Weise die Gefühle auszudrücken. Dieser Pomander unterstützt die Kommunikation, besonders bei Präsentationen, öffentlichen Auftritten oder beim Unterrichten anderer Menschen. Er löst Blockaden und schützt vor Lampenfieber. Ermutigt zum Spielen und zur Kreativität.

RAUMSPRAY: Für Räume, wo Gruppen miteinander arbeiten. Es fördert das Gemeinschaftsgefühl und den kreativen Ausdruck. Für Sozialeinrichtungen, für den Kunstbetrieb und das Theater. Unterstützt die Arbeit am Computer.

SAPHIRBLAU
„Der Kommunikationsschutz, Frieden“

Fördert die Inspiration und das Loslassen. Hilft, Gefühle der Isolation zu überwinden. Vertieft den inneren Frieden, so dass man entspannter und klarer werden kann. Fördert den klaren sprachlichen Ausdruck.

RAUMSPRAY: Friedliche Energie für Bereiche im Wohn- und Arbeitsumfeld. Unterstützt dort, wo viel kommuniziert wird oder mehr miteinander geredet werden sollte. Die Energie des Friedens und des Loslassens auch im Krankenbereich.

KÖNIGSBLAU
"Der Wahrnehmungsverstärker“

Öffnet für die Entfaltung der Vorstellungskraft und Intuition. Hilft, Mitgefühl zu entwickeln. Fördert die Konzentration. Tiefer Frieden wird spürbar.

RAUMSPRAY: Nährt konzentriertes und intuitives Arbeiten, wo auch immer das stattfindet. Schafft eine Stimmung des tiefen Friedens.

VIOLETT
"Die Süße des Geistes“

Violett öffnet das Bewusstsein und erweitert die Wahrnehmung im spirituellen Bereich. Verschafft Zugang zu unserer Aufgabe und unserem Auftrag. Wirkt ausgleichend und entspannend. Fördert auch die Wahrnehmung und unser Bewusstsein im Alltag.

RAUMSPRAY: Für Räume, die der Entspannung und der Meditation dienen. Übt eine ausgleichende und beruhigende Wirkung aus. Die heilsame Schwingung verändert Energiebelastungen.

TIEFMAGENTA
"Des Helfers Helfer“

Verbindet die rote mit der violetten Energie und wirkt so gleichermaßen energetisierend wie beruhigend. Für Zeiten, in denen wir alle Energien für andere aufgewendet haben und selbst Fürsorge brauchen. Hilft, in der Gegenwart zu leben und die alltäglichen Dinge des Lebens zu schätzen.

RAUMSPRAY: Für Menschen, die sich im sozialen Dienst am Nächsten verausgaben, zur Regenerierung geeignet. Fördert die Aufmerksamkeit im Hier und Jetzt.

DIE QUINTESSENZEN

Die Quintessenzen stellen eine weitere, noch feinere Energieschwingung dar. Sie werden auch Meisteressenzen genannt. Sie verbinden den Menschen mit seiner Quelle, mit seinem Höheren Selbst.

Vicky Wall bezeichnete die Quintessenzen als "Hotline zum Himmel". Sie ermöglichen die direkte Erfahrung der Meisterenergien im Äußeren und im Inneren sowie den Zugang zum eigenen inneren Meister, dem höchsten Aspekt des eigenen Seins.

Die Anwendung der Quintessenzen unterstützt darin, mehr Bewusstsein und Klarheit über gewisse Qualitäten und Themen im eigenen Leben zu erlangen. Sie ermöglicht zudem eine ganz besondere Kommunikation mit anderen Sphären. Jede Quintessenz ist anders und einzigartig und ruft die positivsten Energien des jeweiligen Farbstrahls herbei. Man kann fühlen und erfahren, wie ihre Farbenergie den Menschen harmonisch und ohne Grenzen umhüllt. Die Quintessenzen fordern zudem auf, einfach loszulassen und sich für feinstofflichere Energien zu öffnen.

Wie bei den Pomandern gibt es ebenso fünfzehn verschiedene Quintessenzen. Eine Aura-Soma Beraterin kann Ihnen auf Basis der von Ihnen gewählten vier Equilibrium-Flaschen die für Sie passende Quintessenz empfehlen. Sie können aber auch von der Farbe, dem Duft oder dem Namen ausgehen, je nachdem was Sie intuitiv am meisten anspricht.

Geben Sie drei Tropfen der Essenz auf den linken Puls, reiben Sie dann die Handgelenke aneinander, um anschließend mit weit nach oben geöffneten Armen die Energien wie ein offenes Gefäß aufzunehmen und die Essenz mit weiten Armschwingungen in Ihrer Aura zu verteilen.

Als Raumspray können die Meisterenergien ähnlich den Pomandern verwendet werden, das heißt zum Beispiel die blauen Themen, die beim Pomander besprochen wurden, sind bei der blauen Quintessenz noch vertiefter bzw. höher schwingend behandelt. Gehen Sie bei der Anwendung weitgehend nach Ihrem Gefühl vor, wann und in welche Räume Sie diese Energien einbringen wollen.

EL MORYA

die hellblaue Meister-Quintessenz - "Nicht mein, sondern Dein Wille geschehe"

Fördert das Gefühl, in Frieden und Einheit mit allem zu sein. Man richtet sich auf seine Bestimmung aus und vertraut dem Entfaltungsprozess des Lebens. Es gilt, der Inneren Quelle zu vertrauen und in Kontakt mit der eigenen Autorität zu treten.

RAUMSPRAY: Bringt die Schwingung von Frieden, Loslassen und Vertrauen ein. Fördert den Selbstausdruck.

KUTHUMI

die hellgelbe Meister-Quintessenz - "Verbindet die Reiche der Engel, Menschen und Devas"

Fördert das Potential für Erleuchtung und Selbsterkenntnis. Fördert Kommunikation und schenkt Verständnis für das Reich der Engel und das Reich der Devas der Pflanzen- und Tierwelt.
Energetisiert das analytische Denken, hilft bei wissenschaftlichen Arbeiten und bei der Mathematik. Stärkt das Verständnis von und das Einfühlsvermögen in die Natur, hilft somit auch bei der Gartenarbeit.

RAUMSPRAY: In Studierbereichen, dort, wo viel mit Zahlen gearbeitet wird (Buchhaltung, Finanzbereich). Für Menschen, die mit Pflanzen arbeiten (Gärtner, Naturheiler). Allgemein als Stimmungsaufheller.

LADY NADA

die hellrosa Meister-Quintessenz - "Bedingungslose Liebe"

Kann die menschliche Beziehungsfähigkeit verbessern. Stärkt die Weiblichkeit durch Sanftheit und Selbstliebe. Wandelt Aggressivität in Mitgefühl und Verständnis um. Fördert die Arbeit mit Tönen, z.B. in der Musiktherapie, erhöht den Musikgenuss.

RAUMSPRAY: Für die Praxis eines Musiktherapeuten, beim Hören von Musik. Für den Partnerbereich zur Steigerung einfühlsamer Liebe. Für Räume, in denen Aggressivität herrscht.

Quintessenzen

HILARION
die hellgrüne Meister-Quintessenz - "Der Weg, die Wahrheit und das Licht"

Hilarion hilft, den persönlichen Weg zu gehen, indem er Zugang zur inneren Wahrheit und Weisheit ermöglicht. Die Quintessenz geleitet in neue Richtungen und zu neuen Räumen, so dass man erneuert die Gegenwart erleben kann.

RAUMSPRAY: Frische Energie zur Entscheidungsfindung, um Räume zu klären und neue Ziele zu definieren.

SERAPIS BEY
die klare Meister-Quintessenz - "Reinigung und Neubeginn"

Bringt Klarheit in das Bewusstsein. Hilft, Dinge auf neue, frische Art zu betrachten. Bringt tiefes Verstehen von Konflikt, Schmerz und Leid auf allen Ebenen. Hilft beim Loslassen, um die Vergangenheit zu klären und sich auf allen Ebenen zu reinigen.

RAUMSPRAY: Der Meisterklärer für Raumenergien, zur Erhellung belasteter Zonen. Bei Neubezug einer Wohnung oder eines Büros ganz wichtig. Bei Übernahme und vor Verwendung von Erbstükken (Schmuck, Möbel etc.).

SAINT GERMAIN
die hellviolette Meister-Quintessenz - "Der Meisterheiler"

Unterstützt, um negative Gefühle in positive, spirituelle Energien zu transformieren. Menschen, die beruflich anderen helfen, hilft diese Quintessenz, Abstand zu finden und sich als Person nicht so wichtig zu nehmen. Dadurch kann man zur Seite treten, um höhere Energien durchfließen zu lassen.

RAUMSPRAY: In allen Räumen, in denen "Heilarbeit" im weitesten Sinne geschieht, auch für die Meditation und allgemein zur Entspannung.

CHRISTUS
die rote Meister-Quintessenz - "Die Quintessenz des Erwachens"

Hilft, den eigenen Bemühungen die notwendige Kraft zu verleihen. Verbindet mit der Erde, bringt neue Energie und Schutz auf dem Lebensweg. Bringt Kraft für den Alltag und verbindet gleichzeitig mit der höheren Quelle.

RAUMSPRAY: Dort, wo Kraft für die Umsetzung in die Materie benötigt wird. Energetisiert und erdet.

Quintessenzen
Quintessenzen
Quintessenzen

PALLAS ATHENE
die magenta Meister-Quintessenz - "Überleben und Ästhetik"

Kreativer Ausdruck von Liebe und Schönheit. Erwachen für die allen Dingen, auch den ganz alltäglichen, innewohnende Schönheit. Inspiration für die kreativen Fähigkeiten. Verhilft zu einem tieferen Verständnis der Energien, die im Zusammenhang mit Wohlstand, Erfolg und angemessenem Auskommen stehen. Träume und Visionen.

RAUMSPRAY: Fördert das Traumerleben im Schlafbereich, unterstützt im höheren Management die Visionssuche und die Umsetzung der Vision in die Realität. Bringt das Erleben von Schönheit und Fülle in den Alltag. Für Plätze, wo schon zu lange Provisorien bestehen.

ORION UND ANGELIKA
die rosa Meister-Quintessenz - "Die Essenz der Reisenden"

Engelenergien. Es sind die beiden großen Engel, die den Tag eröffnen und ihn ausklingen lassen. Orion legt den schützenden Schleier über die Nacht, Angelika leitet den Tagesbeginn ein. Sie filtern Verunreinigungen aus und reinigen auf tiefer Ebene von Negativem. Hilfreich am Beginn und als Abschluss von Projekten. Besonders gut bei Fernreisen gegen Jetlag.

RAUMSPRAY: Ideal auf Flugfernreisen. Als Ritual, um gute begleitende Energien am Anfang für ein spezielles Projekt einzuladen und am Ende, um dankbar abzuschließen.

LADY PORTIA
die goldene Meister-Quintessenz - "Richtet nicht, auf dass ihr nicht gerichtet werdet"

Liebe und Mitgefühl ohne Wertung und Verurteilung. Besonders hilfreich, wenn man zu streng mit sich selbst ist, zu hart arbeitet, zu selbstkritisch ist oder andere zu rasch verurteilt. Wahres Mitgefühl heißt gnädig und liebevoll mit sich selbst zu sein. Sinnvoll, wenn weises Unterscheidungsvermögen und Abwägen verschiedener Gesichtspunkte erforderlich sind.

RAUMSPRAY: In Rechtsanwaltspraxen, bei Gericht, im Büro von Konsulenten, Juroren oder Experten, aber auch beim privaten Arbeitsplatz sorgt diese Energie für klares Erkennen, Entscheiden und Verstehen.

Quintessenzen

Quintessenzen

LAO TSE UND KWAN YIN
die orange Meister-Quintessenz - "Fließt dem Schock der Vergangenheit zu und heilt die Zeitlinie"

Hilft, sich von tief eingeprägten Gewohnheiten und negativen Gedanken zu befreien und verändert überholte Verhaltensmuster. Sie können in der Meditation losgelassen und einer höheren Weisheit übergeben werden, so dass die Gedanken sich wieder auf neue Möglichkeiten ausrichten können. Tiefes Verstehen und Mitgefühl hilft bei inneren Klärungsprozessen.

RAUMSPRAY: In der therapeutischen Praxis als Unterstützung bei der Bewusstseinsarbeit. Hilft, vergangene Muster in Liebe loszulassen.

SANAT KUMARA
die korallene Meister-Quintessenz - "Heilt tiefste Ebenen von Abhängigkeitsthemen und unerwiderter Liebe"

"Wie oben, so unten", lässt ein besonderes Bewusstsein des göttlichen Lebens in unseren Alltag einfließen. Ermöglicht uns, hinter die Fassade unseres wahren Selbst zu sehen. Tiefe emotionelle Themen können erkannt werden.

RAUMSPRAY: Bringt tiefes Verstehen in unseren Alltag und hilft, Partnerbeziehungen zu klären. Es unterstützt jede therapeutische Arbeit. Diesen Duft können wir immer dann anwenden, wenn wir uns nicht eindeutig für einen anderen entscheiden können.

DJWAL KHUL
die grüne Meister-Quintessenz - "Der Meister der Wahrheitssuchenden"

Kann helfen, den Intellekt zu benutzen und gleichzeitig im Einklang mit der Intuition zu bleiben. Mit ausgeglichenem Geist und Verstand der Stimme des Herzens folgen. Diese Essenz kann unterstützend wirken, wenn man auf der Suche nach Wahrheit und Wissen ist und ein Neubeginn ansteht.

RAUMSPRAY: Inspiriert die Arbeit der Astrologen und aller, die auf der Suche sind. Gibt frische Energie in Räume, wo viel geistig gearbeitet wird, damit der Gefühlsbereich nicht zu kurz kommt. Lässt besser die neue Richtung erkennen.

MAHA CHOHAN
die türkise Meister-Quintessenz - "Aus dem Herzen heraus aussprechen, was wir fühlen"

Hilft, Gefühle tiefer zu verstehen, und ist daher gut bei Kommunikation in Partnerschaften und auch in Gruppen. Stärkt das Gefühl der Vernetzung mit allem und fördert die Arbeit mit Massenmedien und Computern. Stärkt den kreativen Ausdruck, auch in der künstlerischen Darstellung. Vertieft die Arbeit mit Kristallen.

RAUMSPRAY: In Räumen, wo viel am Computer gearbeitet wird. In der Zeitungsredaktion, im Rundfunk und im Fernsehen fördert es die kreative Kommunikation und Öffentlichkeitsarbeit.
Überall, wo Künstler am Werk sind. In der Partnerschaft und Familie belebt es den Austausch von Gefühlen.

DER HEILIGE GRAL und DER SONNEN-LOGOS
die olivgrüne Meister-Quintessenz, die dem magenta Strahl zugeordnet wird - "Der Gral ist ein Lichtkelch"

Der Solare Logos ist die Sonne, "das Wort", die Kommunikation, die sich offenbaren kann, wenn man für die Energie des Grals empfänglich wird. Die Suche nach dem heiligen Gral findet nicht mehr im Äußeren statt, sie kann nur im Inneren zum Ziel führen.

Raumspray: Durch seine hohe Energie ist er etwas Besonderes für jeden Raum und jede Gelegenheit. Mit Dankbarkeit sollte mit dieser speziellen Schwingung gearbeitet werden. Sie gilt als Hoffnungsträger für eine neue Zeit.

FARBEN 2

Wie wirken Farben?

Farben werden vorrangig über das Auge aufgenommen, ein Teil des Sehnervs geht ins Sehzentrum des Gehirns, ein Strang geht in Richtung Hypophyse und somit weiter in die Welt der Empfindungen. Vom Zwischenhirn aus beeinflusst das Licht sämtliche Funktionen des menschlichen Organismus.
Die Wirkung von Farben ist nicht nur über das Auge gegeben. Der Mensch nimmt ganzheitlich die Kraft der Farben an. Ein Versuch zeigt dies sehr gut: Ein blinder Mensch wird in einen Raum geführt, dessen Wände blau gestrichen sind, worauf seine Körpertemperatur sinkt, der Blinde wird dann in einen Raum mit roten Wänden geführt und seine Körpertemperatur steigt.

Farben sind also Schwingungen, je nach Farbe in verschiedenen Frequenzen. So wie die Töne eine ansteigende Frequenz haben, mit entsprechender Wirkung auf das menschliche Ohr, weisen auch die Farben eine ansteigende Frequenz auf. Schon Pythagoras und Kepler erkannten den Zusammenhang zwischen den sieben Farben des Regenbogens und den sieben Tönen der Tonleiter.

Pythagoras (580 - 496 v. Chr.) hatte schon die Heilwirkung der Farben erkannt. Seiner Ansicht nach stehen die drei Grundfarben Rot, Gelb und Blau in einem engen Zusammenhang zu Körper, Seele und Geist.

Der englische Physiker, Mathematiker und Astronom Isaac Newton (1643-1737), der als Begründer der klassischen Physik angesehen wird, untersuchte als Erster die Beschaffenheit und die Eigenschaften des Lichtes. Er entdeckte, dass weißes Licht, wenn es auf ein Prisma trifft, dieses in die sieben Spektralfarben aufspaltet. Lässt man diese sieben Spektral- oder Regenbogenfarben dann wiederum durch ein umgekehrt stehendes Prisma fallen, so vereinigen sich diese erneut zu weißem Licht. Eine weitere Entdeckung Newtons war, dass jede dieser Spektralfarben eine eigene Schwingung, somit eine unterschiedlich hohe Energie ausstrahlt.

Die Quantentheorie von Max Planck (1858-1947) basiert auf folgendem Grundsatz: Licht ist nicht nur Welle, sondern auch Teilchen. Seiner Ansicht nach setzt sich das Licht aus winzigen, unveränderbaren Energiepaketen (= Quanten) zusammen, die aufgenommen oder abgegeben werden. Er lehrte, dass es keine Materie an sich gebe, sondern sie nur durch Kräfte entsteht und besteht, welche die Atomteilchen in Schwingungen versetzen.

Albert Einstein (1879-1955) gelangte im Jahre 1905 zu der Erkenntnis, dass nicht nur die Aufnahme und Abgabe der Lichtenergie in Quanten erfolgt, sondern dass die Lichtenergie selbst ein Strom von Quanten ist. Für seine Theorie erhielt er 1922 den Nobelpreis. Diese besagt: Licht ist eine elektromagnetische Wellenerscheinung, bei der die Energie in bestimmten Bündeln (grch.: Photonen) transportiert wird. Das Licht weist also eine Doppelwirkung auf, da es sich einerseits wie eine Welle und andererseits wie ein Teilchen verhält. Breitet sich das Licht von einem Ort zum anderen aus, verhält es sich wie eine Welle. Wird das Licht von einem Gegenstand aufgenommen, verhält es sich wie ein Teilchen oder Photon.
Goethe (1749-1832) gilt als Begründer der modernen Farbtheorie. Er selbst war sich der Bedeutung seiner Farbenlehre bewusst und stellte diese sogar über seine Dichtkunst. Er sagte: "Auf alles, was ich als Poet geleistet habe, bilde ich mir nichts ein. Es haben treffliche Dichter mit mir gelebt, es lebten trefflichere vor mir und es werden ihrer nach mir sein.
Dass ich aber in meinem Jahrhundert in der schwierigen Wissenschaft der Farbenlehre der Einzige bin, der das Rechte weiß, darauf tue ich mir etwas zugute!"

Während Newton Farben als rein physikalische Erscheinung ansah, wusste Goethe, dass Farben die menschliche Psyche beeinflussen. Er erkannte, dass Farben eine Wirkung auf das Innenleben haben und den inneren Farbhaushalt verändern. Da Goethes Weltanschauung eine ganzheitliche war, er das Innere also mit dem Außen als untrennbar verbunden sah, verstand er Farbe als Phänomen, das in der Außen- aber auch in der Innenwelt des Menschen anzutreffen war. Er erkannte, dass man Farben erleben musste, um ihre Wirkung zu spüren. Für Goethe waren Farben das Zeugnis einer höheren Ordnung. Die Farbsprache von Aura-Soma geht mit seiner Lehre konform.

EINSTEIN
NEWTON
GOETHE

FRÜHERE KULTUREN UND DIE KRAFT DER FARBEN

Die Anwendung von Farbe gehört zu den ältesten Formen der Heilbehandlung - archäologische Funde dokumentieren die Bedeutung des Zusammenhangs von Lebenskraft und Farben bereits vor 10.000 Jahren. Schon im legendären Atlantis soll es Farbheilung gegeben haben. Die einzelnen Farben wurden je nach Schwingung zur Beruhigung (blau-violett Töne) oder aber zur Anregung und Belebung eingesetzt (rot-orange-gelb Töne). Diese Farbbehandlung war nur Priestern, die gleichzeitig Ärzte waren, vorbehalten, da diese um die Gesetzmäßigkeiten der Farbenergien wussten.
In Ägypten und auch in allen alten Hochkulturen (z.B. Indien, Mexiko, China) wurde die Farbe therapeutisch eingesetzt. Sowohl körperliche als auch psychische Leiden behandelte man mit Farben. Zu diesem Zweck baute man Farbtempel mit sieben Räumen, wobei je ein Raum einer der sieben Spektralfarben entsprach. Dass die Sonnenlichttempel in Heliopolis von großer Bedeutung waren, zeigt sich auch daran, dass von den Pyramiden von Gizeh ein heiliger Weg zu jenen Tempeln führte. Da Heliopolis eine Stadt der Gelehrten und der Priester war, wurde die Energie der Farben auch dazu verwendet, um spirituell zu wachsen.

Das Wissen von der Kraft der Farben galt als Geheimwissenschaft und wurde nur an Eingeweihte der großen Mysterien weitergegeben. Hohepriester und Arzt waren eine Person. Die Heilkraft der Farben wurde schon damals zur Wiederherstellung von Gesundheit und Lebenskraft eingesetzt.
Auch in China wurden Farben verwandt, um ein Gleichgewicht von Körper, Seele und Geist herzustellen. Ob das Wissen über die Gesetzmäßigkeit der Farben aus Erfahrung oder aber aus Forschung stammte, ist nicht eindeutig geklärt. Fest steht allerdings, dass man in

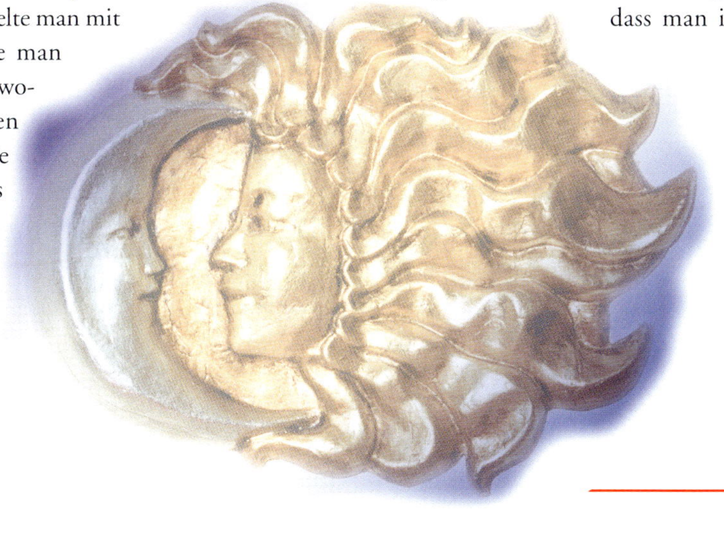

China Farben nutzte, um ein Ungleichgewicht zu harmonisieren. So bestrich man etwa Darmkranke mit gelbem Lehm und hängte gelbe Tücher vor die Fenster. Epileptiker setzte man auf violette Teppiche, um die beiden Gehirnhälften zu verbinden, während Scharlachkranke in rote Tücher gewickelt und mit rotem Licht bestrahlt wurden.

Schon im zweiten Jahrtausend vor Christus ordneten die Chinesen den Windrichtungen, den Jahreszeiten, den wiederkehrenden Tagesabschnitten und den inneren Organen des Menschen bestimmte Farben zu (wie Gelb für den Magen, Rot für das Herz, Weiß für die Lunge). Farbe war für sie eine Manifestation der kosmischen Energie (Chi), welche die persönliche Energie eines Menschen und damit sein Schicksal prägen konnte. Indem man einer Umgebung eine neue Farbe hinzufügte, konnte man eine positive oder negative Reaktion

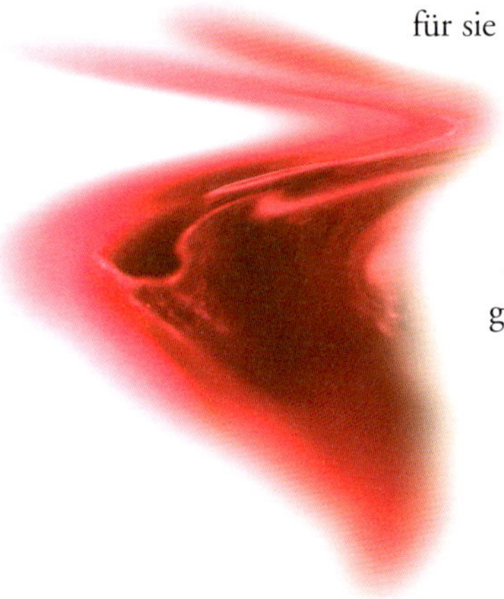

auslösen. Für die Chinesen haben Farben noch heute emotionale und physische Eigenschaften. So heißt Begräbnis "Weißer Anlass", während die wörtliche Übersetzung von ehrenwerter Beamter "blauer Himmel" lautet. Gelb war immer so eng mit dem kaiserlichen Hof verbunden, dass der Eingang zum Palast als die "gelbe Pforte" bezeichnet wurde.
Mao Tse-tung kam es zugute, dass Rot, die Farbe des Kommunismus, auch die Glück verheißendste Farbe der Chinesen ist, wodurch sich vielleicht die Beliebtheit des kleinen roten Büchleins und die grenzenlose Macht der Roten Garden erklären ließe.
Bis heute werden in Asien und in den chinesischen Vierteln westlicher Städte Embleme und Bitten um gutes Gelingen auf rotes Papier geschrieben und an Türen befestigt, und bei jeder traditionellen chinesischen Hochzeit ist die Braut ganz in Rot gekleidet.

Bei chinesischen Begräbnissen ist Weiß die Trauerfarbe. Weiß steht in China für den Winter, einen Zustand des Todes oder Schlafes, der Tote wird in ein weißes Tuch gehüllt. Weiß steht im Westen für Reinheit und Unschuld, weshalb die Braut am Hochzeitstag Weiß trägt. Die chinesische Braut hingegen trägt ein scharlachrotes Gewand, weil Rot als besonders Glück bringende Farbe gilt. Dies zeigt bereits, dass das Farbempfinden eng mit der Kultur und Tradition eines Landes verbunden ist und sich vieles aus der östlichen Lehre nicht so einfach übersetzen lässt.

DER EINSATZ VON FARBEN IN DER GEGENWART

Das Interesse an Farben ist stärker als je zuvor. Immer mehr Menschen erkennen, dass Farben Informationsträger sind und haben den Wunsch, die Kraft der Farben immer bewusster einzusetzen. Einen feinstofflichen Zugang und Nutzung der Farbenergien bietet das Farbsystem von Aura-Soma insofern, als über die Farbwahl der bunten Fläschchen ein Aufschluss über das eigene Wesen erlangt wird und durch die Anwendung von Farbenergieprodukten die Kraft der Farben unmittelbar genützt und erfahren werden kann.

Durch den gezielten Einsatz von Farbe in der Architektur, im Arbeits- und Wohnbereich, besteht die Möglichkeit, die Frequenz der Farben für das persönliche Wohlbefinden einzusetzen. Es lassen sich bewusst Orte schaffen, die etwa geistig anregend im Bürobetrieb oder entspannend und regenerierend im Wohnumfeld wirken.
Farben werden auch ganz bewusst in allen Bereichen der Werbung eingesetzt. Von der Verpackung eines Produktes, über Schilder und Logos, Schaufensterdekorationen und Plakate ist die Farbwahl von ganz entscheidender Bedeutung. Farbsignale werden nämlich weitaus schneller aufgenommen als jeder Text. Beim Einkauf handeln die Kunden viel emotioneller als sie oft denken. Der Kaufentschluss ist ein intuitiver, stark vom Unterbewusstsein mitgeprägter Vorgang.

Wenn man versteht, welche wichtige Rolle Farben im Leben spielen, ist es von Bedeutung, mit welchen Farben man sich umgibt. Eine bewusste Auswahl der Kleidung ist eine gute Möglichkeit, Farben im Alltag ausgleichend einzusetzen. Man fühlt, dass die Farbe etwas bewirkt, so wie es bereits Goethe vor rund 200 Jahren beschrieb.

Angeregt durch die Farbenvielfalt, wie sie sich bei Aura-Soma zeigt, kann man sich den einzelnen Farbqualitäten nähern

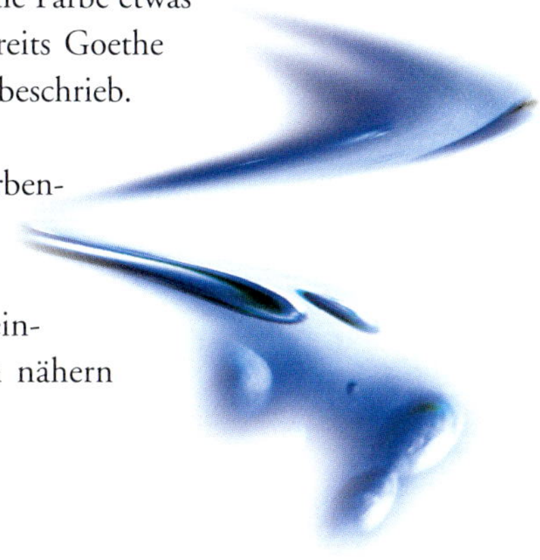

und sich in die Farben einspüren, um so ein inneres Bild zu erhalten und auch noch mehr Freude zu empfinden, Farbe in sein Leben zu bringen.

Im klassischen Feng Shui werden vor allem die Farben Rot, Blau, Grün, Gelb, Weiß und Schwarz verwendet. Die Tertiärfarben Türkis, Olivgrün, Koralle, Magenta und Königsblau finden zum Beispiel keine spezielle Anwendung. Nachfolgend wird jedoch die gesamte Palette des Farbspektrums behandelt.

DIE PRIMÄRFARBEN BLAU, GELB UND ROT

Mit Blau verbindet sich das Gefühl von Weite. Der Himmel, der sich über die Erde spannt, die Grenzenlosigkeit, die er vermittelt, besonders wenn er sich ohne Wolken zeigt. Das verleiht das Gefühl von Frieden und Vertrauen in etwas Größeres, in etwas, das sich nicht immer greifen lässt. Dieses Blau beruhigt, es hilft zu entspannen und loszulassen. Blau wird auch mit Wasser assoziiert, durch Blau kann wieder etwas ins Fließen kommen, und es fördert die Kommunikation.

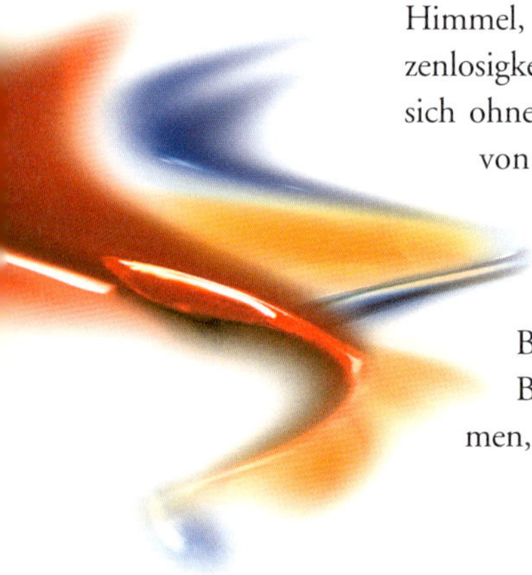

Mit dem Gelb wird das Farbspektrum lichter. Gelb wird mit Licht, mit der Sonne verbunden. Es wird hell, es wird freundlich. Kennen Sie das entspannende, freudvolle Gefühl beim Anblick eines Sonnenblumenfeldes? Gelb regt auf allen Ebenen an, es macht geistig frisch, stimmt emotional fröhlich und regt körperlich die Nahrungsaufnahme an. Der Mensch nimmt die Sonnenkraft durch sein Sonnenzentrum, den Solarplexus, in sein Wesen auf. Das Sonnenlicht hebt die Stimmung und vermittelt Wärme, Frohsinn und Humor.

Rot ist aktivierend. Rot ist pure Energie, die vorantreibt und Kraft für die Umsetzung von Plänen schenkt. Manchmal regt sie auch auf und lässt gestaute Gefühle wie Wut und Frustration zum Vorschein kommen. Die rote Energie schwingt das eigene Energiefeld auf jenes der Erde ein und hilft bei der Umsetzung von Ideen in die Materie. Rot wird mit der Feuerenergie verbunden, Feuer als reinigende, wärmende, lebenserhaltende Kraft. Bevor es die Elektrizität gab, wurde ausschließlich damit geheizt, gekocht und der Raum erhellt. Diese Urenergie schenkt die Kraft zu leben und zu überleben.

Aus den Grundfarben Blau, Gelb und Rot bilden sich nun alle anderen Farben.
Aus jeweils zwei Grundfarben mischen sich die Sekundärfarben:

DIE SEKUNDÄRFARBEN GRÜN, ORANGE UND VIOLETT

Das erste, was man mit der Farbe Grün verbindet, ist sicher die Natur. Der Anblick der Weite von Wiesen und Wäldern hilft dabei zu entspannen und durchzuatmen. Grün verbindet man mit Wachstum und Regeneration. Der Baum ist ein wunderbares Symbol für Grün. Alle Wesen atmen dieselbe Luft. Der Baum senkt seine Wurzeln tief in die Erde und wächst hinauf in den Himmel. Er steht für Wachstum und Hinwendung zum Licht. Er blickt in alle Himmelsrichtungen - Norden, Süden, Osten und Westen, oben und unten. Vicky Wall empfahl oft: "Geh' und umarme einen Baum" und nannte so auch die Flasche B 10, Grün über Grün. Dieses Grün unterstützt, unmittelbar in die Mitte, in die Harmonie zu gehen. Grün erweitert Räume und macht tolerant.

Mit Orange assoziiert man vielleicht als Erstes die Orange als Frucht. Orangen mit ihrer lebhaften Farbe sind bekannt als Quelle der Gesundheit und Vitalität. Orangen gedeihen in südlichen Ländern, sie benötigen viel Sonnenlicht für ihr Wachstum. Diese Sonnenkraft ist in ihnen gespeichert. Orange ist die Farbe des Sonnenunterganges. Der geistig Suchende sieht im Sonnenuntergang ein Symbol der Inspiration, des Emporgehobenseins jenseits des Materiellen. Die buddhistischen Mönche tragen eine safranfarbene Robe und bringen damit ihre Bereitschaft zum Ausdruck, der materiellen Welt zu entsagen. Andererseits jedoch leben sie ihre Spiritualität auf heitere, erdverbundene Art.

Violett steht für Vollendung, Violett ist die Farbe des Herbstes mit seinen reifen Früchten und den modernden Blättern, die der Erde Nahrung für eine neue Jahreszeit liefern. Es geht um vollkommenes Loslassen, damit etwas Neues geboren werden kann. Blau und Rot zu gleichen Teilen mischt sich zu Violett, die Verbindung von Himmel und Erde. Violett gleicht auch die Polaritäten von männlich und weiblich, von heiß und kalt aus.
Die Amethyste, kristalline Repräsentanten dieser Farbschwingung, haben die Kraft in sich, den natürlichen Zustand der Dinge wiederherzustellen. Violett ist die Farbe der Transformation und Transmutation.

Anhand des Farbkreises kann man erkennen, dass die Mischung einer dieser Sekundärfarben mit der benachbarten Primärfarbe nun eine Tertiärfarbe ergibt.

DIE TERTIÄRFARBEN TÜRKIS, OLIVE, GOLD, KORALLE, MAGENTA UND KÖNIGSBLAU

Türkis ist die Farbe des Meeres. In der Weite der Meere leben die Delfine. Sie können über weite Entfernungen miteinander in Verbindung treten, wobei ihre telepathische Kommunikation sehr stark auf dem Gefühl basiert. Delfine erinnern durch ihre Fröhlichkeit und Leichtigkeit an das spielerische Miteinander im Leben. Türkis verbindet den Einzelnen mit dem Ozean des universellen Bewusstseins und lässt ihn mit den bewussten und unbewussteren Ebenen kommunizieren. Diese Kommunikation stellt eine Verbindung des Grün des Herzens mit dem Blau der Kehle dar. Gefühl und klarer Ausdruck vereinen sich.

Oliv ist die Farbe der Natur, von Mutter Erde, von Wäldern und Moosen, die gespeicherte Lichtenergie im Grün des Blattes. Oliv ist Grün mit zusätzlichem Gelbanteil. Der Olivenbaum vermittelt sehr gut die Energie der oliven Farbe. Der Baum wächst auf kargem Boden in einem heißen, trockenen Klima. Langsames Wachstum bringt eine Frucht mit konzentrierter Kraft hervor. Die Oliven sind Energiebringer, die Bachblüte "Oliv" bewirkt Regeneration auf allen Ebenen. Die Taube kehrte auf die Arche Noah mit einem Olivenzweig im Schnabel zurück als Zeichen der Hoffnung. Jahrtausende verwendete man Olivenöl für die Öllampe, die ein Lichtbringer von Urzeiten an war.

Gold symbolisiert Reichtum auf allen Ebenen. Das kostbare Metall Gold schmückte die Reichen und Mächtigen und verlieh Status und Herrschergewalt. Gold ist jedoch nicht nur der äußere Reichtum, sondern auch der Goldschatz im Inneren. Tiefe Weisheit und das Gefühl von Zufriedenheit und Sicherheit können erfahren werden. Buddha-Figuren sind oft in Gold, der Buddha strahlt Frieden und Erfüllung aus, er strahlt aus sich heraus. Diese goldene Aura zieht uns an, sie nährt und schützt uns. Es sind die goldenen Sonnenstrahlen, wenn die Sonne den Zenit überschritten hat, es ist das goldene Laub, wenn der Sommer vorüber und die Ernte eingebracht ist.

Koralle zeigt sich in der Natur als Korallenriffe im Meer. Die Riffe sind sehr anfällig und reagieren empfindlich auf Meeresverschmutzung, die Wassertemperatur darf nicht zu kühl sein. Zu starker Wellengang lässt Stücke von ihr abbrechen, wobei eine gewisse Strömung aber wichtig ist für die Nahrungszufuhr. Die Koralle schützt ihr zartes Inneres mit einer Schale. Koralle zeigt als Farbschwingung eine hohe Sensibilität und Sinnlichkeit an.

Magenta kann neuerdings manchmal unterhalb des Violett am Grunde des Regenbogens wahrgenommen werden. Es ist die Farbe, die, wie das Türkis, mit einem Neuen Zeitalter in Verbindung gebracht wird. Es ist eine schwer zu beschreibende Farbe. Goethe selbst nannte sie die "unsichtbare Farbe". Sie symbolisiert die Verbindung zur geistigen Welt, zur göttlichen Liebe und enthält das volle Spektrum der Heilstrahlen.

Im Königsblau, wie es sich im Nachthimmel zeigt, kommen Sterne zum Vorschein, die uns am Tag nicht sichtbar sind. Das Königsblau lässt uns tiefe Einsichten gewinnen, die über die Wahrnehmung mit unseren fünf Sinnen hinausgehen. Diese höhere Wahrnehmungsfähigkeit war früher den Mystikern vorbehalten, wird aber nun immer mehr Menschen zugänglich. Es scheint so, als würden sich die Schleier zwischen der sichtbaren und der unsichtbaren Welt immer mehr lüften.

Weiß: Das weiße oder klare Licht enthält alle Farben, aus ihm gehen die Farben des Regenbogens hervor. Es vermittelt Reinheit und Klarheit, es lässt vieles offen, lässt Platz für neue Möglichkeiten. Der weiße Schnee und das klare Eis sind Formen gefrorenen Wassers, das mit den Emotionen in Beziehung steht. Weiß kann für eine Zeit der Klärung, des sich Ordnens, die passende Farbe sein, bis man das Licht am Ende des Tunnels erkennen kann und sich aus der neu gewonnenen Klarheit Farbschwingungen zeigen, die einen begleiten möchten.

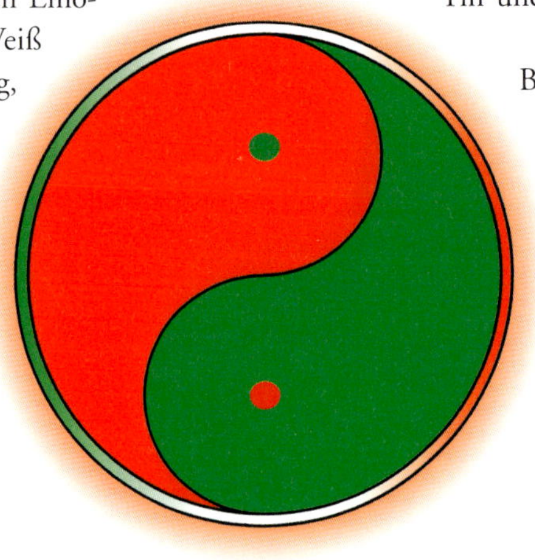

DIE KOMPLEMENTÄRFARBEN

Komplementärfarben sind diejenigen Farben, die sich im Farbkreis gegenüberliegen. Wie das Wort schon sagt, komplettieren, ergänzen sie einander. Das ist insofern von Interesse, als es bei der Anwendung von viel Grün im eigenem Umfeld wichtig ist, auch ein wenig Rot einzubringen (Grün und Rot liegen im Farbkreis gegenüber). Eine massive grüne Sitzgarnitur wird durch ein paar rote Polster und Kerzen im Gesamteindruck harmonischer. Hier liegt dasselbe Phänomen vor wie im Yin-Yang-Zeichen, das jetzt immer Schwarz-Weiß dargestellt wird, im frühen China dagegen waren Rot-Grün die zwei Grundfarben, Rot für Yang und Grün für Yin. In jedem Yang ist ein bisschen Yin und umgekehrt.

Bei der Verwendung von viel Orange wirkt das Einbringen von Blau wie eine harmonische Ergänzung. Dem Violett liegt Gelb gegenüber, nur würde Violett die Balance kippen, Gelb dagegen stellt sie wieder her. Probieren Sie es selbst anhand der Farbrose aus - haben Sie eine

Lieblingsfarbe, die Sie einfach überall in Ihrem Leben einbringen möchten? Diese Vorliebe zeigt ja auch ihr intuitives Farbbedürfnis. Schauen Sie sich die Komplementärfarbe an und fühlen Sie sich in diese ein. Falls Sie die Farbe optisch nicht so annehmen können, haben Sie die Möglichkeit, die Farbessenz oder den Pomander von Aura-Soma zu verwenden. Oft liegt im Gegenüber der Ausgleich, die heilende Komponente - optisch für das Auge und energetisch für ihr Farbwesen.

DIE BEWUSSTSEINSEBENEN DES MENSCHEN

Menschen existieren nicht nur auf der physischen Ebene. Sie sind nicht nur Körper, sie haben auch Gefühle, Gedanken und einen Geist, sie sind ein mehrschichtiges Regenbogenwesen. Der physische Körper wird umgeben vom mentalen, emotionalen und spirituellen Körper. Diese umgebenden Schichten nennt man die Aura.
Menschen, die sich mehr mit ihrer inneren Entwicklung befassen, schließen sich einer bestimmten energetischen Schwingung an - erschaffen so eine gemeinsames geistiges Feld. Rupert Sheldrake spricht von einem "morphogenetischen Feld", das mit anderen Feldern ähnlicher Struktur kommuniziert. Insofern hilft jeder, der einen Schritt weitergeht, auch denen, die diesen Schritt noch nicht vollzogen haben. Die Entwicklung jedes Einzelnen beeinflusst die Entwicklung der Gesamtheit und umgekehrt. Alle Wesen sind miteinander und mit der Umwelt verbunden und beziehen sich durch Gedanken aufeinander. Indem dies erkannt wird, lernt man im Alltag mit seinen Mitmenschen und seiner Umwelt anders umzugehen, weil man die Verantwortung für seine Gedanken und Taten übernimmt.

Durch die Anwendung der Pomander von Aura-Soma in seinem aurischen Feld stärkt und nährt man seine Aura und gleichzeitig das morphogenetische Feld der Erde. Bevor man den Pomander in sein elektromagnetisches Feld einstreicht, hebt man die Hände über sich und schickt in Gedanken den Farbstrahl des Pomanders, den man gerade anwendet, um die Erde herum. Beim rosa Pomander sendet man die rosa Energie, also Liebe und Mitgefühl, zu allen Wesen auf dem Planeten Erde. Beim weißen Pomander verfährt man so mit der Kraft der Reinigung und Klärung oder beim blauen Pomander mit der Energie des Friedens.

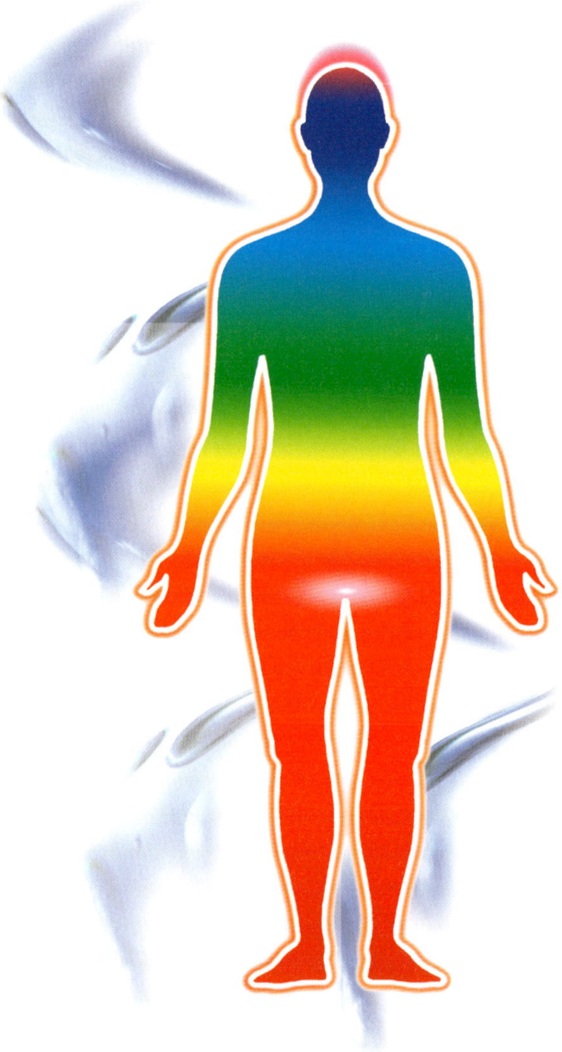

DIE BEWUSSTSEINSEBENEN DER FARBEN

Um Sie noch tiefer in das Farbbewusstsein hineinzuführen und Ihr eigenes Wahrnehmen zu fördern, sind nachstehend die Farben in den verschiedenen Ebenen in Stichworten dargestellt. Sie bekommen dadurch ein Gefühl für die reiche Sprache, die vielschichtigen Ausdrucksmöglichkeiten und die umfassende Energie, die die jeweilige Farbe trägt. Diese Auflistung hat nicht den Anspruch auf Vollständigkeit, sondern soll Ihr Farbempfinden anregen, vielleicht noch weitere Assoziationen zu finden. Sie beginnt beim Rot und wandert dem "Farbmenschen" entsprechend zum Kopf. Die Entsprechung auf der physischen Ebene sagt nur aus, dass der Körperbereich in der entsprechenden Farbenergie schwingt und in diesem Bereich gewisse Organe zu Hause sind. Es wird hier keine Aussage über deren Funktion getroffen.

ROT

SYMBOLISCH: Das "Rote Kreuz" als physische erste Hilfe; die rote Ampel für Stopp; Aktion und Reaktion; der rote Planet Mars als Kampfenergie; Christus-Energie - das Licht auf die Erde bringen, die rote Rose für Liebe und Leidenschaft; Blut für Fruchtbarkeit und Opfer.

SPIRITUELL: Die Kundalini-Kraft als erweckende Energie; die Flamme als reinigende und erneuernde Kraft; der Phönix, der aus der Asche steigt; Opfer und Erneuerung.

EMOTIONELL: Wut, Aggression, Frustration, heiliger Zorn, Blutrausch, Mut und Verwegenheit.

MENTAL: Dynamischer Charakter, praxisorientiert, Dominanz, Energie zur Veränderung und mentaler Neubewertung, Überlebensmuster, Konzentration.

PHYSISCH: Blutkreislauf, Stärke und Vitalität.

ROSA

SYMBOLISCH: Rosa Brille und "Think Pink" für optimistische Einstellung; rosa Rosen für bedingungslose Liebe und Hingabe.

SPIRITUELL: Liebe und bedingungslose Fürsorge; weibliche intuitive Energie; Hingabe; Loslassen - etwas einfach erlauben zu sein.

EMOTIONELL: Fürsorglich, auch zu sich selbst. Mitgefühl, Sanftheit, Bedürfnis nach Liebe. Das Gegenmittel zu Angst - Liebe meint, die Angst loszulassen.

MENTAL: Muster, die mit Liebe zu tun haben. Schwierigkeiten mit den weiblichen Rollenmodellen. Erdungsmuster.

PHYSISCH: Fortpflanzungsorgane.

KORALLE

SYMBOLISCH: Neuer Strahl, mehr in schamanischen Traditionen bekannt. Korallen - außen hart, innen sensibel. Seraphime - Engelwesen für menschliche Belange.

SPIRITUELL: Liebende Weisheit; Einfühlungsvermögen; Entwicklung der höheren Intuition; über das Individuelle hinaus für das Gemeinwohl da sein.

EMOTIONELL: Hohe Sensibilität; Weisheit, die fürsorglich ist; kindliche Spontaneität; Abhängigkeitsmuster in Beziehungen; unerwiderte Liebe. Muster der Vergangenheit können mit Liebe und Weisheit betrachtet werden.

MENTAL: Tiefe, einsichtige Weisheit. Ein Bewusstsein der gegenseitigen Abhängigkeit in der Gesellschaft fördert das Handeln zum Nutzen aller. Liebe nicht annehmen können.

PHYSISCH: Knochen, Dickdarm

ORANGE

SYMBOLISCH: Buddhistische Roben - ein Loslassen weltlicher Dinge. Das Einbringen der Ernte im Herbst, Sonnenuntergang.

SPIRITUELL: Die spirituelle Hingabe, ausgedrückt durch geistige Praxis. Das Bedürfnis nach spiritueller Abhängigkeit. Die Erfahrung der eigenen Göttlichkeit.

EMOTIONELL: Glückseligkeit; innere Erfüllung; Hysterie, Schock und Traumata, sexueller Ausdruck; spontane Gefühle aus dem Bauch.

MENTAL: Spontane, instinktive Weisheit. Einsicht und gute Gefühle, die ins Mentale gebracht werden. Ein Mangel an Selbstvertrauen, der zu spiritueller Abhängigkeit führt. Gegenseitige Abhängigkeit. Ein geselliges Wesen.

PHYSISCH: Milz - wichtig für den Ätherkörper

GOLD

SYMBOLISCH: Wenn die Weisheit nach oben steigt. Der Heiligenschein oder die Krone als dessen weltliches Symbol. Gold und Reichtum, sowohl spirituell als auch materiell. Der Goldstandard als Wertsicherung. Der "Goldene Topf". Das Goldene Ei - der aurische Körper. Alchemie. Goldrausch. Das goldene Zeitalter.

SPIRITUELL: Die "Wahre Aura". Der Seelenstrahl. Gerechtigkeit und Unterscheidungsvermögen. Erleuchtung und Weisheit.

EMOTIONELL: Verzückung; tiefe Freude bis zur Ekstase, tiefes Gefühl von Sicherheit und Glück; tiefe Ängste bis zur Depression.

MENTAL: Fremdwert, Geldwert und Selbstwert; der innere Goldschatz; falsche Demut und Scheinheiligkeit; den inneren Wert von etwas wahrnehmen; Täuschung und Verblendung.

PHYSISCH: Die kleinen Eingeweide, die Wirbelsäule.

GELB

SYMBOLISCH: Die Sonne als Quelle des Wachstums und des Lebens; Licht; reifes Getreide; gelbe Ampel - Achtung; gelbe Karte beim Fußball zur Verwarnung.

SPIRITUELL: Erlernte Weisheit; Licht-Bewusstsein; Alchemie der Selbsterkenntnis; individueller Wille, der sich mit dem Höheren Willen verbindet.

EMOTIONELL: Das tägliche Glück; Lachen und Weinen als dieselbe Energie; Ängstlichkeit als nicht greifbares Unbehagen; konkrete Ängste; Feigheit; Gefühl der Befriedigung nach mentaler Errungenschaft.

MENTAL: Gelb als anregendste Farbe für den Mentalkörper; erworbenes Wissen; Intelligenz und Intellekt; Kontrolle aus Angst heraus; Zynismus und Sarkasmus; Verwirrung und Klarheit; die Sonnenseite der Dinge sehen - Humor.

PHYSISCH: Solarplexus und Haut.

OLIV

SYMBOLISCH: Der Olivenzweig als Symbol des Friedens und der Hoffnung; der Olivenbaum für Beständigkeit; das Olivenöl in der Öllampe als Lichtquelle; die Olive - bittere Frucht erst durch Reifungsprozess genießbar; Metapher für spirituelle Prozesse.

SPIRITUELL: Die Klarheit, um den Weg zu sehen; Wissen und Herzlichkeit; mit Emotionen umgehen zu lernen; sich lösen von Identifikationen; Dualität überbrückend - das Gelb des Individuums verbindet sich mit dem Grün des Herzens; die Öffnung zu etwas Größerem.

EMOTIONELL: Gleichgewicht von Intellekt und Emotionen; Balance von Liebe zu sich selbst und anderen; das Lachen mit dem Herzen; über sich selbst lachen; Bitterkeit.

MENTAL: Aus der Tarnung hervortreten - neue Offenheit; die Führerschaft des eigenen Herzens;
Führerschaft durch weibliche Intuition; Unzufriedenheit; Angst, Gefühle auszudrücken; Flexibilität und Unbeweglichkeit; Gedankenfreiheit; Neubeginn; optimistisch und praktisch.

PHYSISCH: Gallenblase.

GRÜN

SYMBOLISCH: Der Baum des Lebens und der Baum der Erkenntnis von Gut und Böse. Der Weihnachtsbaum als Zeichen für ewiges Leben. Der Maibaum als Symbol für den Frühlingsbeginn und die Zeugungskraft. Die Grünen und Greenpeace. Die grüne Ampel für freien Weg. Greenhorn, Grünschnabel, grün hinter den Ohren. Das vierblättrige Kleeblatt.

SPIRITUELL: Regenerierung, Neubeginn, Hoffnung. Synchronizität - zur richtigen Zeit am richtigen Ort sein. Das Zentrum des Kreuzes.

EMOTIONELL: Herz - Raum für Gefühle. Großzügigkeit, Ruhe und Ausgeglichenheit. Offenheit, Freiheit, Neid und Eifersucht. Die Liebe zur Natur.

MENTAL: Kosmisches Bewusstsein; Wahrnehmung aller möglichen Aspekte; seine Richtung finden; Entscheidungen treffen; Verlangen nach Harmonie; Identitätsthemen; selbstgesetzte Begrenzungen; eigenen Raum definieren; sich Raum verschaffen.

PHYSISCH: Herz und Lunge.

TÜRKIS

SYMBOLISCH: Weite und Tiefe des Meeres; Delfine - lieben die Freiheit; spielerische Ethik; außergewöhnliche Kommunikationsfähigkeiten; der Stein Türkis als kraftvoller Heil- und Schutzstein in ethnischen Kulturen; Farbe des Wassermann-Zeitalters.

SPIRITUELL: Ananda Khanda - das Energiezentrum auf der rechte Seite der Brust. Der Durchgangspunkt um höher schwingende astrale Energien in die Dreidimensionalität zu bringen. Die Verbindung zum Unbewussten, dem eigenen und dem kollektiven. Der innere Lehrer - das weise Gefühl in uns.

EMOTIONELL: Kommunikation der Gefühle; Vertrauen auf etwas in uns selbst; Intuition; innere Fähigkeiten; Ausdruck von Kreativität durch Emotionen; Spontaneität; Leichtigkeit des Seins; Verspieltheit.

MENTAL: Idealisieren; Kreativität; freiheitsliebende Seele - humanitäre Unabhängigkeit; unabhängiger Freidenker; Individuation; Verwirklichung unserer Ideale; Vertrautsein mit neuen Technologien; Kontrolle und Machtmissbrauch; Medienkommunikation; Kommunikation auf der Gruppenebene.

PHYSISCH: Thymus, Atemorgane.

BLAU

SYMBOLISCH: Maria; der nährende Aspekt der Mutter; ein klarer Horizont; aus heiterem Himmel; der Blues - melancholische Musik; der Blaue Planet; das "blaue Blut" der Aristokratie.

SPIRITUELL: Erstes Erscheinen des Göttlichen - El Morya ist der erste Meister; Akasha, das Äther-Element; Gnade und Glaube; die Kommunikation des Göttlichen durch das eigene Innere.

EMOTIONELL: Friede; Gelassenheit; eingefrorene Gefühle; Frigidität; Unnahbarkeit. Leere - der klare Geist ist blau.

MENTAL: Autoritätsthemen; Diplomatie als Gabe zu sprechen und Frieden zu stiften; Introvertiertheit; Uniformität; sozialer Konservatismus; sprachlicher Ausdruck.

PHYSISCH: Kehle, Schilddrüse.

KÖNIGSBLAU

SYMBOLISCH: Nuit, die ägyptische Göttin der Nacht; der Abendhimmel; Magie.

SPIRITUELL: Mystik; Funktionen des Höheren Geistes; Kommunikation aus der Seele; der Weg in tiefe Meditation; Klarheit der Sinnesorgane; Intuition.

EMOTIONELL: Zurückhaltung; Rückzug; Alleinsein; Einsamkeit; Depression; Ernsthaftigkeit; Ehrfurcht vor der Schöpfung.

MENTAL: Wissen, warum und wofür man hier ist; Wille und Kraft für die eigene Lebensaufgabe; extreme Schwierigkeiten mit Autorität; Rückzug von der Gesellschaft; extreme Tendenz zu idealisieren.

PHYSISCH: Ohren, Augen, Nase, Mund.

VIOLETT

SYMBOLISCH: Farbe der Könige; Amethyst des Bischofs; violette Flamme der Umwandlung; das Zusammenkommen von Geist und Materie; Advent und Fastenzeit; Vergangenes loslassen; Vorbereitung auf eine kommende Initiation.

SPIRITUELL: Himmel auf Erden; Dienst an der Menschheit; Spiritualität; die praktische Mystik; Transmutation - alchemische Veränderung; grenzüberschreitend; rechte und linke Gehirnhälfte in einer größeren Dimension; Offenbarung des Geistes durch die Materie; letzte Farbe im Regenbogen; Meditation.

EMOTIONELL: Sensitivität für feinste Schwingungen; die Nuancen des Geistes; heilsame Gefühle; Trauer und Kummer; Tendenz zu flüchten; Schwierigkeiten mit der materiellen Existenz; verborgener Ärger.

MENTAL: Transformation - Änderung im Geist; Bescheidenheit aus dem Gefühl der Gleichheit; spiritueller Stolz und Überheblichkeit; Hypersensibilität; Rückzug; Einkehr.

PHYSISCH: Schädelknochen, Hypophyse.

MAGENTA

SYMBOLISCH: Neuer Strahl; das Versprechen der Dinge, die da kommen; Ain Soph - die grenzenlose Dunkelheit, aus der alles Licht kommt; die Wärme der Leere.

SPIRITUELL: Liebe zu den kleinen Dingen; die göttliche Liebe in allen Dingen; die Qualität der Sorgfalt; das 8. Chakra - der Seelenstern; Speicher aller Informationen unserer Seele; die Blaupause unseres Lebens; göttliche Heilung.

EMOTIONELL: Die Fähigkeit, Liebe zu geben; das Bedürfnis nach Liebe in seiner höchsten Form; menschliche Glückseligkeit; entwickelte Leidenschaft; Mangel an Freude.

MENTAL: Sorgfalt im Handeln; Aufmerksamkeit auf Details; Fürsorge für Kleinigkeiten; Achtsamkeit der Wahrnehmung; der klare Geist; präsent im Moment.

PHYSISCH: keine körperliche Zuordnung, da sich das 8. Chakra über dem Kopf befindet.

WEISS/KLAR

SYMBOLISCH: Die Summe des Lichts. Die Heimat des Lichts, das alles Sichtbare gebiert. Weiß enthält den gesamten Regenbogen. Die Reflexion des Spiegels. Die Silberschnur - die Verbindung zum Göttlichen. Taufe, Konfirmation und Hochzeit. Neubeginn im Licht. Die weiße Magie - die Kraft des Guten nützen.

SPIRITUELL: Karmische Absolution; Grund für Leiden erkennen; Lichtkörperprozess; Reinheit der Motivation; Reinheit und Unschuld.

EMOTIONELL: Intensivierung aller Gefühle; Idealismus; Perfektionismus; intensives Leiden; Leere - Weiträumigkeit.

MENTAL: Klarheit; Leere; Unbelastetheit; etwas, das im Verborgenen bleiben will; nichts zu verlieren - Unterwerfung, Selbstaufgabe.

PHYSISCH: Knochen und Zähne.

Diese Erweiterung des Farbvokabulars möge Ihnen helfen, um Farbe gezielter und bewusster in Ihrem Umfeld einzusetzen. Die körperliche Anwendung von Aura-Soma Produkten stärkt Ihr Energiefeld, das Sie in Ihre Umwelt ausstrahlen. Durch den bewussteren Einsatz dieser Farbenergieprodukte in Ihrem Wohn- und Arbeitsumfeld nähren Sie die Energiefelder Ihrer Umgebung und diese strahlen aus in deren weitere Aura. Aura-Soma und Ihr Farbbewusstsein können Sie auch für Ihre Umwelt und das Wohlbefinden der Erde einsetzen. Energie folgt dem Gedanken! Werden Sie sich der Kraft Ihrer Gedanken also immer bewusster, und bauen Sie mit an der Zukunft - zum Wohle der Menschheit.

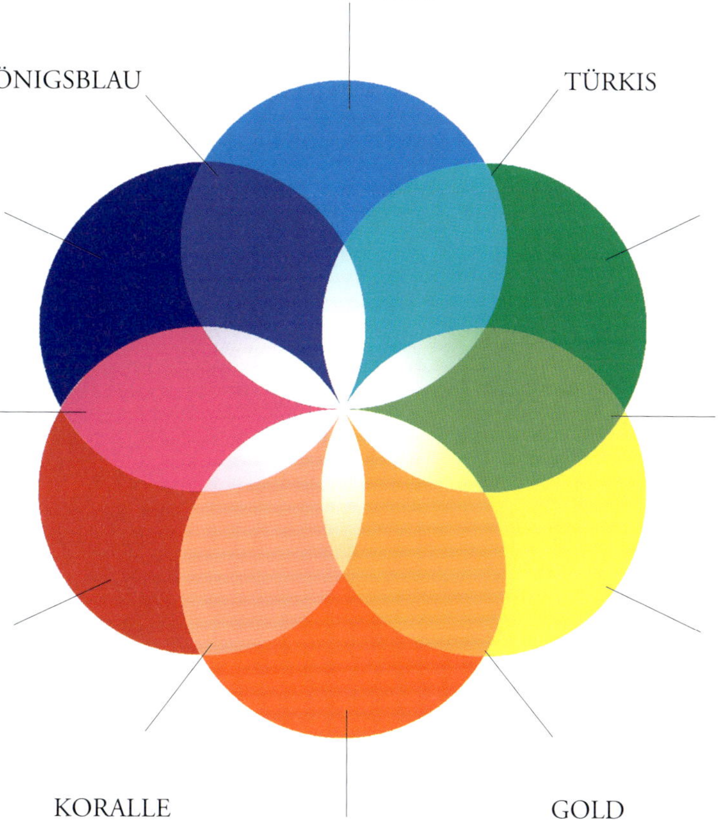
BLAU
Das schützende Vater-Prinzip
Das nährende Mutter-Prinzip
Kommunikation
KÖNIGSBLAU
TÜRKIS
VIOLETT
Dienen
Transformation
Heilung
zu viel Kontemplation
GRÜN
Balance • Harmonie
Raum • Richtung
MAGENTA
OLIVGRÜN
ROT
Energie
Leidenschaft
Erdung
GELB
Glück
Wissen
Herzenswärme
Furcht • Verwirrung
KORALLE
GOLD
ORANGE
Ekstase • Einsicht • Abhängigkeit
Extrovertiertheit • Begeisterung

NUMEROLOGIE 3

Numerologie

Die Sprache der Zahlen ist eine Sprache, die über die normale Sprache hinausgeht. Zahlen hat es schon gegeben, bevor es Buchstaben gab. Pythagoras sagte schon 500 v.Chr.: "Die Zahl ist der Vater der Götter und der Menschen." Pythagoras hat sich als Mathematiker, Philosoph und Metaphysiker mit der Wissenschaft der Zahlen auseinander gesetzt und nicht nur ihre mathematische Qualität, sondern auch ihre mystische Bedeutung erkannt. Für ihn waren Zahlen Ausdruck fundamentaler Gesetze des Universums. Zahlen sind Symbole, sie drücken nicht nur eine Quantität aus, sondern jede Einzelne trägt eine spezielle Schwingung, eine bestimmte Qualität.

Wenn man sich mit der Bedeutung der einzelnen Zahlen beschäftigt und ihren Charakter versteht, hat man einen zusätzlichen Schlüssel an der Hand, um den Einfluss zu verstehen, den der eigene Name, die Geburtszahl oder die Adresse auf einen ausübt. Indem man Bewusstsein in das Verständnis der Zahlen bringt, kann man auch ihre Kräfte nutzen. So gewinnt man ein zusätzliches Werkzeug, um Mitgestalter der eigenen Lebensqualität zu werden.

Schon bei den Chaldäern hat es ein numerologisches System gegeben, das Ursprung war für das hebräische System; und auch das griechische System trägt gemeinsame Züge. Die Bauten der alten Ägypter gipfeln in numerologischer Perfektion. Ihre Bauten und Schriften beweisen ein Bewusstsein für Zahlen. Sie scheinen die heilige Geometrie erfunden/gefunden zu haben.
Das nach-römische nordeuropäische System wird mit dem "Zeitalter der Fische" in Verbindung gebracht. Es ist das traditionelle System, das astrologische Zuordnungen verwendet, um die Interpretationsmöglichkeiten von Zahlen zu bereichern.
Hier soll mit dem so genannten modernen oder nordamerikanischen System gearbeitet werden, das mit dem Zeitalter des Wassermanns in Verbindung gebracht wird und das sich am besten mit dem Aura-Soma-Farbsystem verbinden

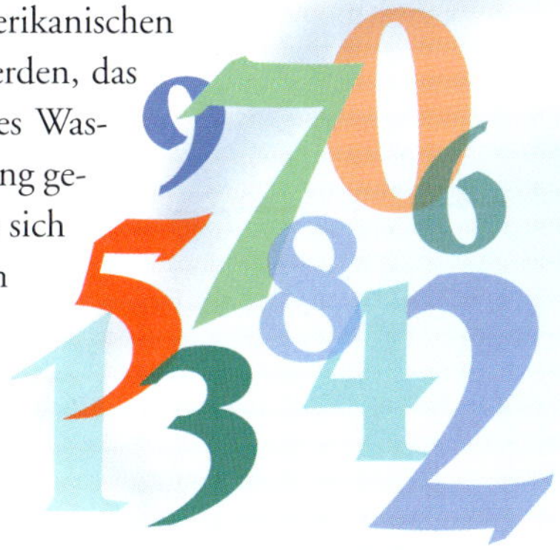

lässt. In diesem System kommen die Gemeinsamkeiten und das "Beste" aller Systeme zusammen in einer vereinfachten, gut anwendbaren Form. Es wird verwendet, um Charaktereigenschaften und Schwingungen zu erkennen.

Um die Zahlen noch eingehender interpretieren zu können, werden die Aura-Soma-Flaschen mit der entsprechenden Nummer (alle Equilibrium Flaschen tragen, mit 0 beginnend, eine Zahl auf dem Verschluss und sind in der Reihenfolge ihrer Entstehung nummeriert) zur weiteren Interpretation verwendet. Die Sprache der Farben und die jeweilige Charakteristik und Schwingung der Flasche enthält eine Information und trägt schon einen Heilungsimpuls in sich. Die Zahlen verkörpern die mentale Schöpfungsenergie, die Farben die gefühlsmäßige Schöpfungsenergie - welch ein Geschenk, beides zusammen verwenden zu können!

ZAHLEN

Von der 0 bis zur 9:

Null ist die Abwesenheit von allem, die Leere, das Nichts. Die Spiegelung der Unendlichkeit. Die Null drückt die letztendliche Quelle aus; die einzige, wirkliche Stille ist die Leere, das Unmanifestierte. Wenn man die Farben der Flasche **B 0** von Aura-Soma betrachtet, steht das Königsblau für Hellsichtigkeit, das aus dem Kelch des Tiefmagenta geboren wird. Es ist ein wunderbarer Ausdruck des Absoluten und der Tiefe des Kosmos.

- Die Eins kristallisiert sich aus der Null heraus.

DIE ZAHLEN

DIE ZAHLEN

Die Eins ist eine einzige Zahl; sie trägt das Potential für alles und endet als ganzes Universum in seiner Wiedervereinigung in der Einheit. Eins steht allein und dringt nicht ein. Eins im Quadrat ergibt eins. Jede beliebige Zahl multipliziert mit eins oder dividiert durch eins bleibt gleich. Die Eins behält ihre Integrität.

Die Eins ist unabhängig, ganz, vollständig, einzelgängerisch, in sich selbst ruhend. Eins ist yang, strahlt Kraft aus, ist selbstbewusst und risikofreudig. Sie steht für Ursprung und Individualität, für Pioniergeist und Schöpferkraft. Die Eins ist allein, aber einsam nur dann, wenn sie ihre Einheit vergisst.

In der Flasche **B 1** von Aura-Soma ruht auf dem Tiefmagenta, der tiefen Quelle von Urkraft und göttlicher Liebe, das Blau des Friedens und der klaren Kommunikation.

Die Kurve der Zwei lässt schon optisch in der Zahl das Weibliche und Empfängliche ausstrahlen. Die Wandlung in der Zwei zeigt an, dass sie aus dem Gleichgewicht geraten muss, um ihr Gleichgewicht dann erneut zu finden. Die Zwei trägt in sich die Spannung der Polarität sowie die Möglichkeit zur Wiedervereinigung und Kooperation.

Die Zwei ist die Mutter aller auf sie folgenden Zahlen. Die Dualität bietet die Möglichkeit des Geborenwerdens. Sie kann Selbstaufgabe und ein sich hinten anstellen spiegeln. Die **B 2** zeigt durch das Blau über Blau sehr schön ihr starkes Bedürfnis nach Harmonie und Frieden, und zwar im Bewusstsein und Unterbewusstsein. Die Flasche heißt darum auch "Friedensflasche".

Die Drei wird durch die Vereinigung von Eins und Zwei geboren - Kreativität und Liebe entstehen. Sie ist Fruchtbarkeit und Wachstum. Drei ist ein Dreieck, die erste Form mit einer strukturellen Festigkeit. Die

B 3 von Aura-Soma ist die so genannte "Herzensflasche" (Blau über Grün) - Gefühle wollen kommuniziert werden. Die **B 3** schüttelt sich zu Türkis, der Farbe der Kreativität und der Gefühle. Türkis ist die Farbe, durch die sich das Tiefmagenta über die Herzenskommunikation ausdrükken kann.

Alle Bezeichnungen für die Trinität drücken sich in der Drei aus: Liebe, Weisheit, Kraft; männlich, weiblich, neutral; Körper, Geist, Seele; die dreifaltige Natur des Göttlichen.

Vier – Hier geht es um die Struktur der Dinge. Die Elemente Feuer, Luft, Wasser und Erde manifestieren sich in der Vier und erlauben so der stofflichen Ebene in die Existenz zu kommen. Die Vier symbolisiert auch die vier Welten - die spirituelle, die mentale, die emotionale und die stoffliche. Die stoffliche Ebene wird mit der Vier geboren. Organisation, Struktur, System, Ordnung, Disziplin, praktische Anwendbarkeit, Logik, Vernunft, Realität, all dies sind Eigenschaften der Vier.

Es gibt die vier Wände eines Hauses, die vier Beine eines Sessels oder Tisches, sie alle sorgen für Stabilität. Im traditionellen chinesischen Zahlenverständnis ist die Zahl Vier zu meiden und trägt schlechte Energie. Die Erklärung dafür ist, dass das Wort für Vier auch Tod bedeutet. Diese Bedeutung sollte im Westen allerdings nicht übernommen werden, höchstens um den Aspekt, dass Materie vergänglich ist, zu verstehen. Für die westliche Kultur ist die Vier das Fundament, auf dem man aufbauen kann.

Die Vier zeigt die Qualität der Sonne im "Zeitalter des Löwen", als die Atlanter die Sphinx bauten, um die vier Elemente zu repräsentieren. Die Aura-Soma Flasche **B 4** zeigt das Gelb der Sonne über dem Gold der Weisheit. Das Gelb, das Wissen, vielleicht auch Verwirrung zeigt, das Gold, der Goldschatz im Inneren, der zur eigenen Weisheit führt.

Fünf – Zu den vier Elementen kommt nun das fünfte, der Äther, hinzu, damit spirituelle Energie in das Stoffliche einströmen kann. Fünf ist der Mikrokosmos, der Mensch mit seinen fünf Sinnen - den Sinnen, die ihm erlauben, in Kommunikation mit der Außenwelt zu treten.
Wenn man den fünf Sinnen erlaubt, die Boten der Weisheit zu sein, lernt man von der Natur, aus der Umgebung und von anderen Menschen. Fünf ist das Fenster zur Welt.

In der Fünf spiegelt sich sehr schön die Aufgabe des Menschen, Spiritualität in die praktischen Bereiche der Erde einzubringen. Die Aura-Soma Flasche **B 5** (Gelb über Rot) zeigt das Lernen durch die Materie, die Kraft zu lehren und die Freude und das Verstehen, die daraus resultieren können.

Fünf steht für Kommunikation, Wendigkeit, Anpassungsfähigkeit, Abwechslung, Veränderung, Freiheit und Reisen.

Sechs – Der Mensch erhält einen sechsten Sinn (außersinnliche Wahrnehmung), um damit ein tieferes Universum wahrnehmen zu können. Die Sechs ist der Makrokosmos.
Die Dreiecke des Davidssterns zeigen zum Himmel und zur Erde. Das Hexagon ist der Grundbaustein der Bienenwabe. Es ist die geometrische Form, die hinter dem Symbol des "Samens des Lebens" steht, die auch in der "Farbrose" zu finden ist.

Sechs ist die Zahl der Liebe, der Schönheit, der Harmonie und des Gleichgewichtes, der Antriebskraft und des Durchsetzungsvermögens.
Liebe für das Universum, ausgedrückt mit Achtsamkeit und in liebevoller Güte, wird die Sechs erfüllen. Die Aura-Soma Flasche **B 6** ist Rot über Rot. Rot zeigt an, dass dies ein stofflicher Makrokosmos ist. Rot trägt das Potential für Erwachen, ein Erden von Spiritualität. Rot hat eine sehr kraftvolle Energie, mit der achtsam umgegangen werden sollte.

Sieben

– Die Sieben kann aus Drei und Vier gebildet werden, ein Dreieck über einem Quadrat, was den Triumph des Geistes über die Materie, die Dreieinigkeit über den vier Elementen symbolisiert. Das Dreieck über dem Quadrat kann als eine Flamme über einer Kerze gesehen werden, vielleicht die violette Flamme der Transmutation. In Asien und in Europa gilt die Sieben als heilige Zahl.

Die Sieben wurde immer als besondere, spirituelle Zahl angesehen. Sieben Regenbogenfarben, sieben Haupt-Chakras, der siebente Tag der Woche und die sieben Kerzen auf dem jüdischen Leuchter. Vicky Wall, die Aura-Soma ins Leben gerufen hat, wurde als siebentes Kind eines siebenten Kindes geboren. Die Aura-Soma Essenzen enthalten 7 x 7 Kräuter.

In der Sieben ist Kontemplation verborgen, vielleicht auch der Weg der Einsamkeit, Philosophie, Weisheit, Ruhe, Innenschau, Mystik, der heilige Raum im Herzen, tiefes Denken und Wohltätigkeit.

Die Aura-Soma Flasche **B** 7 ist Gelb über Grün. Vielleicht steht man an einer Wegkreuzung, wo man die Entscheidung treffen kann, sich aus dem Stofflichen heraus mehr in Richtung Spiritualität zu bewegen.

Acht

– Die Acht symbolisiert zwei Gesichter, das Gesicht des Makro- und des Mikrokosmos. Der Mensch findet sich von Angesicht zu Angesicht mit dem Universum. Während die beiden Gesichter sich gegenseitig betrachten, erkennen sie ("Wie oben, so unten“), dass alles, was es im Universum gibt, sich im Menschen widerspiegelt und umgekehrt. Als die Araber ihr Symbol für die Acht entwarfen, spielten sie auf eine Bewegung an, die die Unendlichkeit symbolisiert. Dieses Symbol, auf der Seite liegend, ist die Lemniskate, das Unendlichkeitszeichen.

Acht birgt viele Assoziationen zum Chinesischen in sich, besonders wegen des I Ging. Im I Ging gibt es die acht Trigramme, die die acht fundamentalen Kräfte repräsentieren. Die 88 wird im

Feng Shui gerne als Kraftsymbol genommen. Die verdreifachte Ziffer 888 wird von vielen Okkultisten als die Zahl des Erlösers angesehen. Die Lemniskate, die liegende Acht, wird daher von altersher als heilbringende Zahlenschwingung gepriesen.

Die Acht ist die Zahl des Gesetzes, der Macht und der Fülle, des kosmischen Bewusstseins und der Aufhebung von Gegensätzen.

Die **B 8** von Aura-Soma ist Gelb über Blau. Ein erwachtes Bewusstsein und der Frieden im Inneren ermöglichen es, den Weg zur Weisheit zu finden.

Neun – Die Neun ist ein Spiegel, der eine andere Sichtweise auf die Zahlen ermöglicht, die mit ihm in Berührung kommen. Es ist die erste Zahl, die ein "magisches Quadrat" bilden kann.
Neun zeigt die Spirale der Evolution. Die Neun ist der Weg, auf dem es möglich ist, zur Null zurückzukehren. Die Neun ist ein Abschluss. Es ist der Punkt der Befreiung aus dem Zyklus der Reinkarnation.

Die Neun spricht von Selbstlosigkeit, Humanität, Loslassen, innerer Stärke und Toleranz, von großen Zielen und Intuition, von Wandlung und Reife.

Die **B 9** von Aura-Soma ist Türkis über Grün. Den Raum erschaffen für Kreativität und um Gefühle auszudrücken. Der Zugang zum innersten Kern des eigenen Wesens.

MEISTERZAHLEN:

11, 22 und 33 haben eine spezielle Bedeutung und zeigen wichtige Stufen in der Rückkehr zur Ganzheit. Sie werden als Zahlenwert nicht auf eine einstellige Zahl reduziert. Wenn die gleiche Zahl zweimal nebeneinander steht, prägt sich die Qualität dieser Zahl tiefer ins Gedächtnis.

11 Die Eins steht der Eins gegenüber. Sich selbst gegenüberzustehen ist die schwerste aller Aufgaben. Daher ist dies die Zahl der Kraft, des Idealisten, Träumers, Visionärs.

22 Entwicklung von Intuition und Hellsichtigkeit. Die 22 steht für Weitblick, Verantwortungs-

übernahme, große humanitäre Projekte, und für das unbegrenzte Potential zur Entwicklung von Meisterschaft auf allen Ebenen.

33 Die doppelte Dreieinheit. Unerschöpfliches Kraftpotential. Alles ist möglich.

WAS LÄSST SICH ALLES ERRECHNEN?

ADRESSE

Im Zusammenhang mit dem eigenen Wohnumfeld interessiert besonders die Adresse und welchen Einfluss bzw. welche Information diese Zahlenschwingung trägt. Hierzu nimmt man seine Hausnummer und rechnet die einzelnen Zahlen zusammen.

Die Hausnummer 127 zum Beispiel addiert sich 1 + 2 + 7 = 10 = 1.

Eins ist die Zahl der Einheit oder des All-Eins-Seins. Hier wohnt vielleicht ein Pionier, der sich mit viel Kraft durchs Leben schlägt, unabhängig und sehr individuell.
Kommt nun noch eine Türnummer hinzu, dann beeinflussen Sie beide Zahlen, Ihre Tür- oder Appartementnummer aber vorrangig. Steht hinter ihrer Hausnummer noch ein Buchstabe, zum Beispiel Billrothstraße 38 b, wandeln Sie den Buchstaben in eine Zahl um (a = 1, b = 2, c = 3 etc.). 38 b = 11 + 2(b) = 13 = 4. Struktur, Ordnung, Solidität, Materie sind Aspekte, die hier eine Rolle spielen.

Meist hat man bezüglich seiner Adresse keine große Wahl. Man kann aber sicher sein, dass jede Zahlenschwingung ihre eigene Schönheit und Kraft trägt und diese mit der jeweiligen Zeitsituation im Zusammenhang steht. Lassen Sie sich also von der errechneten Zahl inspirieren und nehmen Sie die Information der entsprechenden Aura-Soma-Flasche, um auf mehreren Ebenen etwas über die Schwingung Ihres Zuhauses zu erfahren. Sie haben hier die Wahl zwischen der zweistelligen Zahl und der einstelligen.

Diese ermittelte Flasche dient Ihnen jetzt nicht nur zur Information, Sie können sie auch als Energieträger ansehen. Stellen Sie sie auf einen besonderen Platz, vielleicht haben Sie eine Art Hausaltar mit wichtigen Fotos, Ihrem Lieblingskristall oder einer schönen Pflanze. Von dort können die Energien der Farben, der Kristalle und der Pflanzen ausstrahlen und eine harmonische Schwingung in Ihren Wohnbereich bringen.

DER ALPHA-PUNKT

Wenn es in das Ambiente Ihrer Wohnung passt und Ihnen gefällt, habe ich einen ganz besonderen Vorschlag. Wenn Sie Ihre Wohnung betreten, wohin fällt ihr Blick beim Geradeausschauen? Der Punkt vis-à-vis der Eingangstür, der in der Höhe Ihres Dritten Auges liegt (zwischen den Augenbrauen), ist der so genannte "Alpha-Punkt". Dies ist ein ganz sensibler Punkt in Ihrer Wohnung, über den Sie die Energie Ihrer gesamten Wohnung beeinflussen können.

Auf diesem Alpha-Punkt können Sie nun die Aura-Soma-Flasche, die ihrer Hausnummer entspricht, befestigen. Die Flaschen gibt es in 50 und 25 ml, diese könnten auf einer kleinen Konsole an der Wand stehen, es gibt die Flaschen aber auch als Anhänger, um an einer Kette getragen zu werden, in der Größe 2,5 x 2,5 cm. In meinem Büro habe ich die B 45 als Anhänger auf einem durchsichtigen Faden an den Türstock gehängt, der der Eingangstür gegenüber ist. Es kommt hier nicht auf die Größe der Flasche an, sondern Sie wählen jene, welche Ihnen gefällt und die Sie am besten platzieren können. Es geht hier um Schwingungsinformation, und wie in der Homöopathie kommt es nicht auf die Menge an.

Der Alpha-Punkt in meiner Wohnung liegt genau auf dem Geschirrschrank der offenen Wohnküche. Eine Flasche würde beim Öffnen der Schranktüre hinderlich sein, so steht die Flasche der Hausnummer im Wandschrank. Immer wenn ich Geschirr entnehme, sehe ich sie und erfreue mich an ihrem Anblick.

Dem Eingang gegenüber kann die Flasche, die die Hausnummer trägt, die Grundschwingung Ihres Zuhauses verstärken, wie schon beim Alpha-Punkt besprochen. Meine Freundin Elisabeth wohnt mit ihrem Mann und ihrer Tochter auf Hausnummer 66. Sie selbst ist Jahrgang 66, und

schon von klein an hat sie immer stolz darauf hingewiesen, dass sie 66 geboren wurde. Als sie Einblick in Aura-Soma und die Numerologie bekam, hat sie aus der Flaschenqualität der B 66 Hellviolett/Hellrosa viel für sich erkannt. Die Flasche heißt "Die Schauspielerin". Auch sie hat schon viele Rollen in ihrem Leben gespielt, ist oft umgezogen, hat in verschiedenen Ländern und Kulturen gelebt. Als Kind hatte sie neun verschiedene Erziehungsberechtigte. In der sie umgebenden Meinungsvielfalt galt es, sich selbst zu finden und auch in gesellschaftlich nicht tolerierten Geschehnissen ihr Herz nicht zu verschließen.

Ihre Türnummer ist B 14 (Klar/Gold). Seit der Zeit, in der sie in dieser Wohnung wohnt, geht es auch darum, sich tiefe Ängste und eigene Schattenanteile anzuschauen und bewusst zu machen. Sie macht die Erfahrung, dass immer, wenn sie ihre Ängste annehmen kann, diese verschwinden. In ihrer Wohnung hat sie einen zu großen Anteil im Wissensbereich, und es ist ihr daher sehr wichtig, das Licht der Spiritualität in ihrem Alltag zu leben.

Die Anwendung einer Aura-Soma Flasche auf der Haut ermöglicht dem Energiesystem, mehr Harmonie zu entfalten. Die Platzierung einer Aura-Soma Flasche im Wohn- oder Arbeitsbereich gibt den Energien in der Flasche die Möglichkeit, auszustrahlen in ein weiteres Energiefeld, in die ausgedehnte Aura, in die Wohnung.
Auch hier folgt die Energie der Absicht - je bewusster Sie die Flasche anwenden, je bewusster Sie die Flasche platzieren, desto mehr kann sie ihre Kraft entfalten. Bitten Sie sie, das regenerierende Zentrum Ihrer Wohnung zu sein, Harmonie, Glück, Freude und Liebe für alle auszustrahlen. Sie können auf diese Art und Weise auch die verschiedenen Bereiche Ihrer Wohnung energetisieren.

GEBURTSZAHL

Sie können auch die Geburtszahl errechnen. Die Geburtszahl ergibt sich aus dem Datum der Geburt. Sie ist die so genannte Bestimmungszahl, sie kann Ihnen das Ziel dieser Inkarnation aufzeigen. Jede Ziffer des Geburtsdatums soll separat addiert werden,wie folgendes Beispiel zeigt:

21. 3. 1968 =
2 + 1 +3 + 1 + 9 + 6 + 8 = 30 = 3

Jede Flasche, die bei der Addition erscheint, ist wichtig. Es sind in diesem Falle die **B 30** und die **B 3**, wobei 3 die grundsätzliche Energie in diesem Leben ist. Die **B 3**, die "Herzensflasche", zeigt viel Gefühl, viel Liebe und das Bedürfnis nach Raum und klarer Kommunikation.

JAHRESZAHL

Sie können auch die Flasche für das laufende Jahr errechnen, das wäre etwa im Jahre 2001:

21. 3. 2001= 2+1+3+2+0+0+1=9

Für das laufende Jahr kann die 9 eine Form von Vollendung und Erfüllung bedeuten, aber auch für Rückzug. Die Aura-Soma Flasche **B 9** ist türkis über grün und heißt "Kristallhöhle" und "Herz im Herzen". Der Name "Kristallhöhle" gibt ei-

nen Hinweis auf die Karte Nr. 9 des Tarots, die der "Eremit" ist. In diesem Jahr ist es angesagt, weniger im Äußeren zu leben, sondern mehr der inneren Wahrnehmung zu vertrauen.

In meinem Vorzimmer habe ich im "Bereich Familie" eine Amethyst-Druse stehen. Der Amethyst schenkt durch seine Ausstrahlung mehr Harmonie, Familienzusammengehörigkeit, Wärme und Geborgenheit. In diese Druse habe ich nun für meine Kinder und mich jeweils eine 25 ml Aura-Soma-Flasche gestellt, ausgewählt durch das Errechnen des jeweiligen Geburtsdatums, wobei sich die Kinder und ich ausgesucht haben, ob uns die Farben der Flasche der zweistelligen oder der addierten einstelligen Zahl besser gefallen. So stehen die Flaschen der Familienmitglieder in der Höhle des Amethysts vereint. Spürbar für mich ist ein stärkeres Zusammengehörigkeitsgefühl (jeder ist ein starker Individualist) und Veränderungen und Heilungsprozesse auf verschiedenen Ebenen. Auch optisch liebe ich diese Installation sehr.

NAME

Um den Namen numerologisch zu betrachten, kann man folgenden Schlüssel des modernen Systems verwenden:

1	2	3	4	5	6	7	8	9
A	B	C	D	E	F	G	H	I
J	K	L	M	N	O	P	Q	R
S	T	U	V	W	X	Y	Z	

Es ist interessant, den Namen anzusehen, unter dem Sie gerufen werden, also der Vorname oder Spitzname. Dieser zeigt das Verhältnis innerhalb der Familie und zu Freunden an. Vor- und Zuname geben die mehr offizielle Schwingung wieder, wie Sie nach außen wirken. Interessant ist auch noch die Veränderung zu betrachten, die ein neuer Name durch Heirat oder ein spiritueller Name mit sich bringt.

PARTNERBEZIEHUNGEN

Auf der Basis der Zahl aus dem Geburtsdatum, also der Schicksalszahl, lassen sich Partnerbeziehungen betrachten, um etwas über den gemeinsamen Lebensweg oder eine mögliche Zusammenarbeit herauszufinden. Dazu nimmt man die einstellige Zahl, die sich aus der Addition des Geburtsdatums ergibt und rechnet diese zur Zahl des Partners dazu. So erhält man eine Grundinformation über die Partnerschaft.

Sie: 26. 4. 1960
= 2+6+4+1+9+6+0 = 28 = 10 = 1

Er: 8. 7. 1968
= 8+7+1+9+6+8 = 39 = 12 = 3

Sie ist eine Nummer 1 und im gemeinsamen Auftreten beruflich und privat auch die dominierende Persönlichkeit. Sie hat einen kleinen Betrieb, in dem ihr Partner mitarbeitet. Er ist eine 3, die 3 ist ausgewogen, die **B 3** ist die Herzensflasche bei Aura-Soma. Er bringt eine ausgleichende Herzensschwingung in die Beziehung ein, die harmonisierend auf die 1 wirkt.
Gemeinsam sind sie 1 + 3 = 4. 4 ist die Zahl der Struktur, die materielle Ebene, die **B 4** ist die Sonnenscheinflasche. Daraus lässt sich ein sehr positiver Schluss für die gemeinsame Arbeit ziehen. Sie ergänzen einander, und gemeinsam schaffen sie es, noch dazu unter dem Aspekt von Freude und Glück.

Man kann nun auch eine Partnerschaft anhand der Vornamen, des Kose- oder Spitznamens betrachten, die in der Partnerschaft verwendet werden, um sich die Beziehung auf der inneren Ebene anzusehen.

Ursula: 3+9+1+3+3+1 = 20 = 2

Roger: 9+6+7+5+9 = 36 = 9

Die Addition der Zahlen der beiden Namen zeigt an, wie die Partnerschaft insgesamt für sie wirkt.

Es ergibt sich 2 + 9 = 11. 11 ist eine Meisterzahl, zeigt 2 x die 1, also zwei Individuen, die sich vielleicht ein bisschen zusammenraufen dürfen, jeder muss etwas von seiner 1 zu Gunsten des Gemeinsamen hintanstellen, um zur gemeinsamen 11 zu kommen. Im Aura-Soma-System ist die Flasche **B 11** (Klar über Rosa) Liebe und Licht. Für beide ist diese Liebesbeziehung sehr heilend auf allen Ebenen.

Die Substraktion der Zahlen der beiden Namen zeigt, was in dieser Beziehung trennend sein kann. 9 - 2 = 7, Gelb über Grün, Unsicherheit und Ängste im Ausdruck der Gefühle, egozentrische Gefühle in jedem Einzelnen. Gelb und Grün mischt sich zu Oliv. Oliv ist eine Farbe, die für weibliche Führerschaft steht, also vielleicht eine Aufforderung für sie, nicht zu viel Platz einzunehmen. Die Themen, die trennend wirken, bergen aber auch das Potential in sich, wieder zusammenzuführen. Verstärktes Ausdrücken der Gefühle und jedem seinen Raum lassen, den er benötigt, schafft den nährenden Boden für eine Frucht bringende Zweierbeziehung.

Ursula und Roger haben nun im Partnerbereich ihrer Wohnung ein "Liebeseck" installiert und ihre Namensflaschen dazugestellt. Falls es einmal Streit gibt und der verbale Schritt zur Annäherung schwer fällt, zündet ei-

B7

B11

ner der beiden zum Zeichen der Versöhnung die zwei Kerzen an. Meist ist dann sehr schnell der Frieden wieder hergestellt. Die **B 11**, die sich aus der Addition ergibt, stellt die Partnerschaftsflasche dar, die sie gerne anwenden, um sich gegenseitig zu verwöhnen.

EREIGNISSE

Nicht nur für das Thema Partnerschaft lassen sich Numerologie, Aura-Soma und Feng Shui verbinden. Hat man geschäftlich gerade einen wichtigen Vertragsabschluss getätigt und beginnt ein neues Projekt, das man energetisch unterstützen möchte, so errechnt man aus dem Datum der Vertragsunterzeichnung die einstellige Zahl, etwa folgendermaßen:

19. 3. 2000 = 1+9+3+2 = 15 = 6

Die **B 6**, Rot über Rot, ist eine kraftvolle Flasche, die man als Symbol, als Anker und Energieträger in den "Bereich Karriere" stellen kann für die Dauer, bis dieses Projekt abgeschlossen ist.

Oder es steht am 26. 5. 2002 eine große Abschlussprüfung an.
2+6+5+2+0+0+2 = 17 = 8 **B 8**, Gelb über Blau, möge die Klarheit im Denken bringen und den Frieden im Inneren. Daher stellt man sie zur Bekräftigung bis zur Prüfung in den "Bereich des Wissens".

Dies sollen nur Beispiele und Anregungen sein, um diese Form der energetischen Unterstützung mehr und mehr in Ihr Leben einfließen zu lassen. Gehen Sie spielerisch damit um; denn es soll Ihnen auch Freude bereiten. Und denken Sie immer wieder daran - dort, wo ihre Aufmerksamkeit hinfließt, folgt die Energie.

Feng shui

4

FENG SHUI

Feng Shui und Aura-Soma bilden eine spannende Partnerschaft. Die Welt von Aura-Soma gibt die Möglichkeit, über die Sprache der Farben einen Spiegel für die Seele zu bekommen. Das Wohn- und Arbeitsumfeld spiegelt ebenfalls den Seelenzustand wider. Aura-Soma hilft, die Seele besser kennen zu lernen und dadurch das eigene Potential mehr zu leben. Feng Shui hilft uns von außen, im Einklang mit der Seele zu wohnen. So erhält man Nahrung und Kraft von innen und von außen. Beide Disziplinen unterstützen das Wachstum auf allen Ebenen.

Nach dem Einblick in Aura-Soma und die Welt der Farben, gilt es nun, sich dem Gebiet des Feng Shui zu nähern. Ich sage bewusst *nähern*, da ein so großes Gebiet wie Feng Shui mit all seinen verschiedenen Richtungen und Schulen in diesem Buch nur gestreift werden kann. Es wird aber insoweit erklärt, dass auch der Laie ein Handwerkszeug bekommt, um sein persönliches Umfeld positiv zu beeinflussen und zu gestalten. Sind Sie jedoch bereits mit Feng Shui vertraut, erhalten Sie durch die Verbindung mit Aura-Soma ganz neue, wertvolle Anregungen.

GESCHICHTLICHE ENTWICKLUNG

Wirft man einen Blick in die Geschichte, so zeigt sich, dass Feng Shui eine Jahrtausende alte Harmonie- und Weisheitslehre ist. Chinesische Weise beobachteten das Zusammenspiel der Kräfte in der Natur und im Menschen. Sie fanden Zusammenhänge heraus zwischen der Befindlichkeit des Menschen und den Gegebenheiten seines Umfeldes. Die Landschaft, die den Menschen umgibt, die Behausung, in der er wohnt, haben Einfluss auf seine Gesundheit und sein Leben. Diese Erkenntnisse wurden und werden genützt, um Kraftfelder, die positiv wirken, aufzubauen und Kraftfelder, die sich unharmonisch auswirken, zu klären.

Es gibt nur wenige schriftliche Zeugnisse aus den Anfängen des Feng Shui, die vor fast 6000 Jahren angesiedelt werden können. Chinesische Geschichtswerke wurden von sich bekriegenden Parteien und späteren Dynastien zerstört, was dann noch über geblieben war, wurde zum großen Teil während der chinesischen Kulturrevolution vernichtet. Eine der bekanntesten Überlieferungen zur Geschichte des Feng Shui ist das bedeutsame Erlebnis des Königs Fu Hsi während der Hsia-Dynastie (2205 v. Chr.). Er saß am Ufer des Flusses Ho und meditierte. Da beobachtete er eine Schildkröte und ein Pferd aus dem Fluss kommen und beide trugen am Rücken ein spezielles Muster, welches die Grundlage für das "Bagua" wurde, beziehungsweise das Fundament bildete für das traditionelle Orakelbuch, das I-Ging (Das Buch der Wandlungen). Das "Bagua" ist ein Ordnungs- und Erklärungssystem, auf das im folgenden einzugehen sein wird.

In der Frühgeschichte Chinas waren die ersten Ansiedelungen im Süden und im Norden von jeweils sehr unterschiedlichen Lebensbedingungen geprägt. Der Norden war flach und windig, der Süden von Hügeln, Bergen und gewundenen Flussläufen gekennzeichnet. Im Norden entwickelte sich die "Kompass-Schule", die einen analytischen Ansatz hat und viel Wert auf günstige und ungünstige Richtungen legt und dies anhand vieler Formeln und Theorien erarbeitet. Der Süden lud mit seinen sanften Formen ein, die Umgebung mehr intuitiv zu erspüren, von den Formen auf deren Wirkung und auf das Umfeld zu schließen. Die "Formen-Schule" ist die direktere Schule des Feng Shui.

Man findet also im Norden als vorrangiges Element den Wind, im Süden das Wasser - Wind und Wasser sind auch die Übersetzung des Begriffs "Feng Shui". Im biblischen Schöpfungsbericht heißt es in Genesis 1,2: "...Gottes Geist (Atem) schwebte über dem Antlitz der Wasser." Zum Element Luft/Wind gehört das Denken, zum Element Wasser das Fühlen. Beides gehört zusammen.

Die Wurzeln des Feng Shui entspringen aber auch im rein fühlenden Bereich, wo sehr sensitive weise Meister aus der Hand des zu Beratenden Gesundheit, Wohnumstände oder Energieverläufe gelesen haben. In der matriarchalen Phase der Zeitgeschichte wurden die Kenntnisse des Feng Shui eingesetzt, um das Überleben in der Natur zu sichern und das Leben für die Menschen Glück bringend zu gestalten. Es folgte die Zeit des Patriarchats, in der das Wissen des Feng Shui hauptsächlich dazu verwendet wurde, um Reichtum, Macht und Ansehen zu mehren. Dieses Wissen war den Herrschern und privilegierten Schichten vorbehalten. Am chinesischen Hof hatten die Feng Shui-Meister eine hohe Stellung inne und waren mächtige Persönlichkeiten. Ihr Rat hatte in wirtschaftlichen, politischen und gesundheitlichen Belangen viel Gewicht.

Feng Shui verschwand vorübergehend mit dem Untergang der kaiserlichen Dynastien und war während der Chinesischen Republik verboten. Die öffentliche Ausübung fiel auch unter das Religionsverbot während der Kulturrevolution. Durch die Auswanderung vieler Chinesen tauchte Feng Shui wieder im Ausland auf, vor allem in der Geschäftswelt in Hongkong, wo es vorrangig zur Mehrung von Macht und Ansehen verwendet wurde und noch wird.

In einer Zeit, in der die Grenzen des zu Berechnenden, des zu Messenden immer mehr erfahren werden, möchte dieses Buch Mut machen, Feng Shui mehr aus einer ganzheitlichen, intuitiven Richtung zu betrachten. Aura-Soma ist eine Lehre für mehr Bewusstsein, und auch Feng Shui dient als Weg, um mehr Bewusstsein im Leben zu erwecken. Durch das achtsamere Handhaben der Energien, die ihn umgeben, erschafft der Mensch seine Wirklichkeit. Er ist Mitschöpfer für ein Umfeld, das ihn nährt und stärkt und sein Wachstum in allen Belangen fördert. Es geht um die Absicht, um die innere geistige Ausrichtung.

Das Ganzheitliche, das Vernetzende gibt die Möglichkeit, alte Weisheit und neue Erkenntnisse zu verbinden, die Impulse der Intuition aufzunehmen, um aus dem reichen Schatz an Möglichkeiten das individuelle Umfeld, das persönliche Leben zu gestalten.

ENERGIE-CHI

Alles, was den Menschen umgibt, ist Energie. Sowohl die Welt der Materie als auch die nicht greifbare Welt des Unsichtbaren sind verschiedene Arten der gleichen Energie. Alles ist Schwingung in unterschiedlicher Dichte. Diese feinstoffliche Kraft wird von den Chinesen Chi, von den Japanern Ki und von den indischen Völkern Prana genannt. Wilhelm Reich bezeichnete sie als Orgon-Energie.

Im physischen Körper konzentriert sie sich in den Chakras, die in der ayurvedischen Medizin Indiens seit Jahrtausenden bekannt sind, sowie in den

Meridianen, wie sie die traditionelle chinesische Medizin darstellt. Die Meridiane sind die Leitbahnen der Energie, die über Akupunkturpunkte harmonisiert werden kann. Ziel dieser Heilmethode ist es, die feinstoffliche Energie zum Fließen zu bringen und Blockaden abzubauen, bevor es zu größeren Störungen, wie etwa organischen Krankheiten, kommen kann. Dies ist auch der Ansatz der therapeutischen Arbeit mit Aura-Soma.

Mensch und Umwelt stehen in unmittelbarer und ständiger Wechselwirkung. So wie der Körper Kraftstationen, die Chakras, besitzt und Energien in speziellen Bahnen fließen, so weist auch der Wohnraum Kraftorte auf; auch in der Wohnung will die Energie frei und unbehindert fließen. Auch in der Wohnung kann man Energiezentren schaffen und auf wichtigen Stellen, wie mit den Akupunkturnadeln, Energien freisetzen. Dies ist ein Prinzip des Feng Shui, bei dem nun die Energien von Aura-Soma wertvolle Hilfe leisten. Der ständig gegenwärtige Faktor, der das Chi anregen, aber auch verringern kann, ist die Farbe.

Farbe kann das Chi harmonisieren und dadurch das Leben bereichern. Man kann sein Schicksal in die Hand nehmen und zusätzlich zu seinem rationalen Bemühen auch zu Mitteln greifen, deren Wirkung sich manchmal der Logik zu entziehen scheint. Wenn man Aura-Soma verwendet, um diese sensiblen Punkte auch im Wohnbereich zu aktivieren, nützt man sehr hochschwingende Produkte, deren Wirkungen im nicht sichtbaren Spektrum angesiedelt sind.

"Nicht die sichtbare Materie ist das Reale, Wahre, Wirkliche, sondern der unsichtbare, unsterbliche Geist ist das Wahre."

(Max Planck)

Chi wird auch als das nicht-biologische Selbst, als Seele, als innere Essenz bezeichnet. Aura-Soma ist eine Farbtherapie, die den Menschen durch die Anwendung am Körper (am physischen und am feinstofflichen) wieder in Einklang mit seiner Seele bringt. Durch die Verwendung im Wohnbereich hilft sie auch dem "Wohnkörper", mit seiner Essenz, mit seiner ureigenen Kraft in Kontakt zu kommen. Aura-Soma kann so als "Medizin für den Raum" angesehen werden.

CHI IN DER NATUR

Das Chi ist auch der kosmische Atem, die Energie aller Wesen, der Erde und der Atmosphäre. Wie das Chi, die Energie, den Körper durchfließt, so kennt auch die Erde Kraftlinien, die so genannten "Ley-Lines". Sie verbinden Orte der Kraft, Orte, an denen unsere Vorfahren ihre Heiligtümer und später auch die großen Kathedralen errichtet haben. Aura-Soma stärkt den feinstofflichen Körper und hebt das Energiepotential des Wohnraumes. Aura-Soma kann aber auch eingesetzt werden für die Heilung des weiteren Umfeldes, der Umgebung und der Natur.

Bei den jährlich stattfindenden Reisen nach Glastonbury, im Süden Englands, kann man in einer Gruppe, unter der Leitung von Mike Booth, einige dieser Kraftplätze besuchen. Dazu gehört auch die Gralsquelle (Chalice Well) im Chakra-Garten von Glastonbury, deren Heilwasser in den Aura-Soma-Flaschen energetisch enthalten ist. Die Hauptkraftlinie, die durch diese Landschaft fließt, ist die "Michaels-Linie".

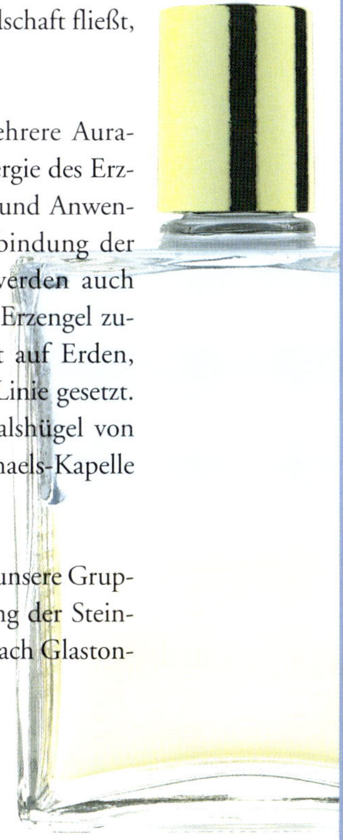

1999 hatte ich auf dieser Reise mehrere Aura-Soma Flaschen **B 94** mit, die die Energie des Erzengels Michael trägt. Die Anrufung und Anwendung der Michaelskraft ist die Einbindung der Drachenkraft. Die Energielinien werden auch "Drachenlinien" genannt. Da dieser Erzengel zuständig ist für die Energieheilarbeit auf Erden, habe ich einzelne Flaschen auf diese Linie gesetzt. Eine Flasche steht z.B. auf dem Gralshügel von Glastonbury, auf dem sich die Michaels-Kapelle befindet.

Bei der Reise im Sommer 1999 hatte unsere Gruppe das Glück, nach einer Besichtigung der Steinkreise in Avebury auf der Rückfahrt nach Glaston-

bury einen wunderschönen Kornkreis zu entdecken. Wir konnten in ihn hineingehen, und das Gefühl war sehr berührend. Man schien wie von einem riesigen Lichtdom umgeben zu sein. Kornkreise sind Energieträger der besonderen Art, ihre Entstehung ist nicht wissenschaftlich erklärbar. Sie treten in zunehmender Zahl mit immer komplizierteren Mustern und Symbolen auf. Ich schließe mich der Meinung an, dass sie von höheren Lichtintelligenzen als Akupunkturpunkte für die Erde, als Erinnerungsanker und zur Aktivierung inneren Wissens geschickt bzw. gemacht werden. Sie entstehen in Sekundenschnelle, wobei die komplizierten Symbole nicht von Menschenhand in so perfekter Weise in das Getreide geprägt werden könnten. Die Fotografien dieser Symbole sind starke Energieträger, und man kann sie in seiner Wohnung aufhängen.

Im Frühling 2000 kam mit der Flasche **B 100** die Energie des "Erzengels Metatron" hinzu, ein wahrhaft mächtiger Engel, der mit Michael gemeinsam die Heilarbeit für die Erde unterstützt. Die Flasche **B 100** (Klar über Tiefmagenta) ist eine sehr starke Flasche für die Transformationsarbeit und wird gerne von verschiedenen Erdheilungsgruppen verwendet.

Das Klar im oberen Teil der Flasche bringt die Kraft der Reinigung, der Klärung, damit wieder das volle Licht des Bewusstseins leuchten kann; das Tiefmagenta im unteren Teil hilft dabei, in die Tiefe der Schatten einzutauchen, um dunkle Aspekte zu erlösen und dann das Potential des Tiefmagentas, die höchste Heilenergie, wirken zu lassen.

CHI IM LEBENS- UND ARBEITSUMFELD

Ein Feng Shui-Berater kann durch seine Kenntnisse der Fließgesetze des Chi und seine Sensibilität helfen, das energiefördernde Chi zu nähren und stagnierendes Chi auszugleichen. Ein Aura-Soma-Berater gibt die Selbstverantwortung wieder den einzelnen Menschen und bestärkt sie in ihrer Intuition. Vicky Wall hat ihre Schüler immer wieder darauf hingewiesen, dass die Führung, die größere Autorität in ihnen selbst liegt ("the greater guide lies in you"). Es gibt inzwischen eine vielfältige Literatur über Aura-Soma, die über die bisherigen Erfahrungen berichtet. Wenn Sie beispielsweise ein bestimmtes Aura-Soma-Mittel anwenden wollen und darüber steht noch in keinem Buch etwas, so folgen Sie ganz Ihrem Gefühl. Lassen Sie sich führen und überraschen, was die ganz individuelle, für Sie maßgeschneiderte Möglichkeit Ihnen bringen wird. Aura-Soma ist ein ganz offenes, dynamisches System.

Die Menschen werden immer feinfühliger und spüren immer mehr. Das dritte Auge, das sechste Chakra, steht für Hellsehen und Hellfühlen, für Fähigkeiten, die mehr im mystischen Bereich angesiedelt waren. Diese werden jetzt immer mehr Menschen zugänglich. Wer kennt nicht das Phänomen, dass er an einen Menschen denkt und kurz darauf ruft er an oder er trifft ihn zufällig. Das heißt, dass eine Zeit gekommen ist, in der sich immer mehr die Schleier lüften und der Zugang zu einer Art der Wirklichkeit, die mehr im Feinstofflichen liegt, sich allmählich öffnet.

Dieser Zugang lässt sich nützen, um der Intuition mehr zu vertrauen und das unsichtbare Fließen der Energie im Inneren und in der Umwelt immer tiefer wahrzunehmen.
Fördern kann man diese Wahrnehmung, indem man auf innere Klarheit achtet. Es gilt, den Körper zu klären, das heißt auf eine vernünftige Ernährung zu achten und ihn durch körperliche Betätigung geschmeidig zu halten, um nicht unnötige Schlacken mittragen zu müssen.

Es gilt auch, den Geist zu klären. Je klarer das Bewusstsein eines Menschen und seine Verbindung zum Universum ist, desto klarer sieht er die Welt und seinen Platz darin. Beobachten Sie einmal eine Zeit lang Ihre Gedanken. Richten Sie sich auf das Positive und Schöne oder ist Ihr Glas ewig halbleer statt halbvoll? Es geht nicht darum,

Negatives, Leid und Krankheit zu ignorieren, sondern darauf zu achten, wo die Aufmerksamkeit hingelenkt wird. Die Energie folgt der Intention! Dies ist ein ganz wichtiger Leitsatz für alle Menschen, die im Begriff stehen, Gesundheit, Wohlergehen und Glück für sich und ihre Umfeld zu erschaffen!

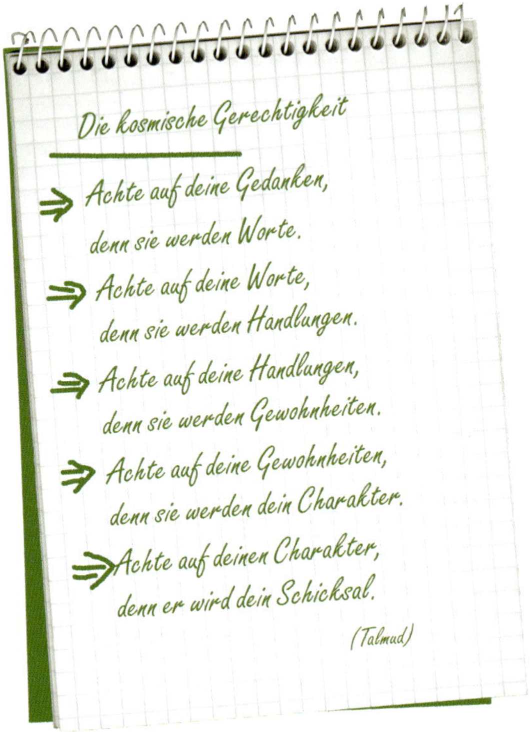

Die innere Klärungsarbeit ist kein Schnellprogramm, sondern sollte zu einer Lebenshaltung werden. Je klarer man in sich ist, über desto bessere Antennen verfügt man, um diese kosmische Energie zu spüren, zu empfangen, zu leiten und zu mehren. Als aufmerksamer Beobachter des eigenen Lebens ist man wach und zentriert in jedem Augenblick. Es geht darum, ohne Anstrengung gewahr zu sein. So kann man Energien, die nicht förderlich sind, wahrnehmen und entsprechende Maßnahmen setzen und Energien, die wohltuend und aufbauend sind, verstärken.

EINE ÜBUNG ZUR WAHRNEHMUNG DES CHI

Das Chi, die universelle Lebenskraft, will frei fließen. Haben Sie Lust, zu überprüfen, wie sich der Energiefluss in Ihrer Wohnung anfühlt? Begeben Sie sich zum Eingang. Zentrieren Sie sich, indem Sie Ihre Füße gut auf der Erde stehend spüren, verbinden Sie sich mit der Kraft der Erde, die tief unter Ihren Füßen in Fülle vorhanden ist. Dann stellen Sie sich vor, dass sich über Ihrem Kopf eine weite Öffnung in Richtung Himmel befindet, über die göttliche Inspiration einfließen kann.

Nun zentrieren Sie sich in Ihrem Herzen. Spüren Sie die Dankbarkeit für die Erbauer dieser Wohnung, dieses Hauses und dafür, dass Sie darin wohnen können. In dieser Haltung atmen Sie sanft und bewusst ein und aus und gehen nun langsam durch die einzelnen Räume. Nehmen Sie sich Zeit und fühlen Sie sich in jedes Zimmer ein. Stellen Sie sich vor, dass Sie nicht nur ihr physischer Körper sind, sondern auch einen feinstofflichen Körper haben, also auch Ihre Aura mit sich tragen, die Raum benötigt.

Wo gibt es Stellen in Ihrer Wohnung, an denen es für Sie als weites Energiewesen zu eng wird, wo Möbel so stehen, dass die Energie sich schmal machen muss. Gibt es Stellen, wo Sie sich von irgendetwas angegriffen fühlen? Schauen Sie sich um und finden Sie heraus, wo dieses schneidende Chi, auch Sha-Chi genannt, herkommt. Die Energie in Räumen möchte sich sanft und schwingend bewegen. Spüren Sie vielleicht, dass ein langer, gerader Gang die Energie veranlasst, beschleunigt durchzuziehen, ohne dabei aber aufgeladen zu werden? Oder haben Sie das Gefühl, dass die Energie bei der Tür hinein, durch das gegenüberliegende Fenster oder eine weitere Tür gleich wieder hinauszieht?

Weisen spitze Ecken eines Möbelstücks auf Sie? Steht dort irgendwo eine Pflanze mit spitzen Blättern oder zielt die Kante einer Mauer auf Sie? Dies sind Energien, denen Sie sich besonders beim Schlaf- oder Sitzplatz nicht aussetzen sollten. Solche Energien können auch von außen durch Hauskanten, Dachfirste und Masten auf ihr Haus einwirken und durch Eingang und Fenster eindringen.

"Wir prägen den Wohnraum, und danach prägt der Wohnraum uns."

(Winston Churchill)

AUSGLEICHENDE MASSNAHMEN

Kanten und Ecken von Möbeln können durch Abrunden und durch Rankpflanzen entschärft werden.
In Raumecken stagniert Energie; sitzt man in solchen Ecken, so kostet dies Kraft. Diese Ecken sollten durch einen Eckschrank, durch Licht oder durch hohe Pflanzen belebt werden.
Früher haben die Baumeister das beachtet und die Ecken und Deckenkanten abgerundet.

Ein langer Gang kann durch das Anbringen von Wandleuchten, Bildern und Pflanzen harmonischer gestaltet werden, damit in dieser so genannten Energieautobahn das Chi wieder besser schwingen kann. Energiedurchzug zwischen gegenüberliegenden Türen oder zwischen Tür und Fenster kann abgebremst werden, indem durch Teppiche, durch Pflanzen oder durch das Aufhängen eines Windspieles die Energie zum Verweilen eingeladen wird.

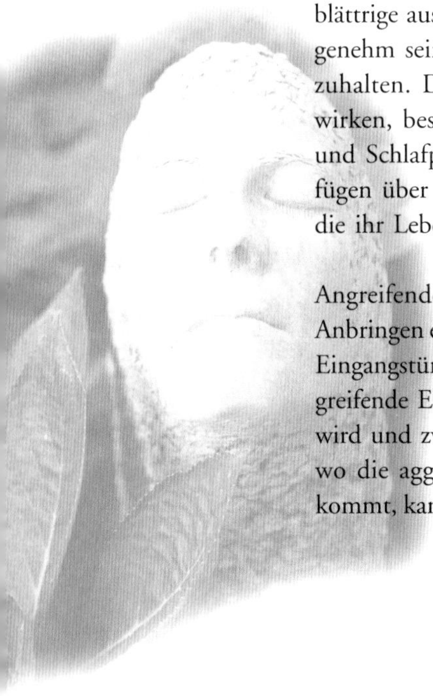

Pflanzen mit spitzen Blättern sollten gegen rundblättrige ausgetauscht werden, es sollte Ihnen angenehm sein, sich ganz nah bei der Pflanze aufzuhalten. Die spitzen Blätter können aggressiv wirken, besonders wenn sie zu nahe beim Sitz- und Schlafplatz stehen. Lebendige Pflanzen verfügen über mehr Vitalkraft als Trockenpflanzen, die ihr Leben schon ausgehaucht haben.

Angreifende Energie von außen: Hier hilft das Anbringen eines Spiegels (Konkavspiegel) über der Eingangstür, der so ausgerichtet ist, dass die angreifende Energie zurückgeworfen und abgelenkt wird und zwar etwas höher als sie einfällt. Dort, wo die aggressive Energie zum Fenster hereinkommt, kann ein Windspiel in der Mitte des Fensters oder ein Kristall zur Abschirmung aufgehängt werden.

So könnte ein erster Rundgang durch die Wohnung und ein Einspüren in das Chi, das die Räume stärken soll, aussehen. Sie sollten immer wieder die Sie umgebenden Räume durchwandern und die Energien spüren. ”Wo Menschen gehen, fließt das Chi“, heißt es im Chinesischen. Man könnte dieses Gehen ”Tao-Walk“ nennen, ein Gehen aus der Mitte. Nicht der Kopf, sondern die Füße führen, und die Wahrnehmung kommt aus dem Herzen. Sie erkennen dadurch, was in der Materie zu verändern ist, um die Wohnenergie anzuheben. Durch ein ansteigendes Erkennen wird die Beziehung zwischen Mensch und Ort bereichert. Es gibt dann noch neben der bekannten äußeren Wirklichkeit eine innere Wirklichkeit. Durch sie entsteht mittels Wahrnehmung und Aufmerksamkeit eine heilende Kraft. ”Der Verstand allein reicht nicht aus, die Wirklichkeit zu erfassen“, sagte Goethe.

Ein Paradebeispiel für ein Gebäude, in dem das Chi in vollendetster Weise zum Segen der Menschen fließt, ist das Seminarhaus "Die Lichtung" in Rastenberg. Der Architekt Georg Thurn-Valsassina hat im Waldviertel in Niederösterreich seine Vision umgesetzt und in unmittelbarer Nähe des Schlosses Rastenberg auf einer Waldlichtung 1989 ein Seminarhaus errichtet, das in seiner Bedeutung für die Architektur der Zukunft über Österreich hinaus wegweisend ist. Der Architekt schreibt selbst: "Das Haus ist ein Akkumulator und Resonator für ultrafeine terrestrische und kosmische Energien zum Nutzen des Menschen. Dafür gab und gibt es keine Konstruktionslehre. Ich konnte Wissensquellen aktivieren, die nur über die Intuition zugänglich sind. So besehen ist das Gelingen des Projektes, inzwischen vielfach bestätigt, ein Beweis, dass intuitive Kreativität die Kapazität des Intellektes übersteigt. Das Ergebnis ist ein Gebäude, das im Rhythmus der Natur schwingt. Die Beachtung von Resonanzphänomenen in der Architektur verspricht Gebäude, die auf natürliche Weise die Zellschwingung des Menschen anregen und damit Gesundheit und Kreativität verbessern. Die Frequenzerhöhung der Körperzellen wird als gesteigerte Wachheit und als intensiveres Gefühl der Präsenz erlebt. In der Frequenzerhöhung liegt auch Heilkraft, Inspiration und intuitives Erfassen übergeordneter Zusammenhänge.

Im Zentrum des Gebäudes, dem Platz des Lehrens, kreuzen sich hochschwingende Kraftlinien, eine "sakrale Kreuzung", die auch an anderen Orten der Kraft wie Kirchenbauten messbar sind. Hier baut sich eine Energiesäule in ca. 1,2 m Durchmesser auf, die 19000 Bovis (Messeinheit für Lebensenergie) misst und als Doppelhelix die Energien der Erde und des Kosmos verbindet. Die Energie im gesamten Raum pulsiert in rechts- und linksdrehendem Zweistundenrhythmus. Dieser Rhythmus entspricht der chinesischen Organuhr und zeigt, dass das Seminarhaus die Grundschwingungen der Natur aufgenommen hat und mit ihr in Einklang steht.

Im Grundriss sind philosophische Prinzipien erfasst. Der Nordteil des Hauses erinnert an das Yin-Prinzip, der Südteil des Hauses ist Yang, der Teich im Süden hat wieder Mondform, ist also Yin. Der Gesamtgrundriss schwingt in der Nord-Südachse von Yin über Yang zu Yin. Yin ist doppelt vertreten und das ist bewusst gewählt. Die Bewältigung der Zukunft bedarf verstärkt des weiblichen Prinzips, des Ruhens und Fließens im Werden der Natur und der Zeit und weniger des

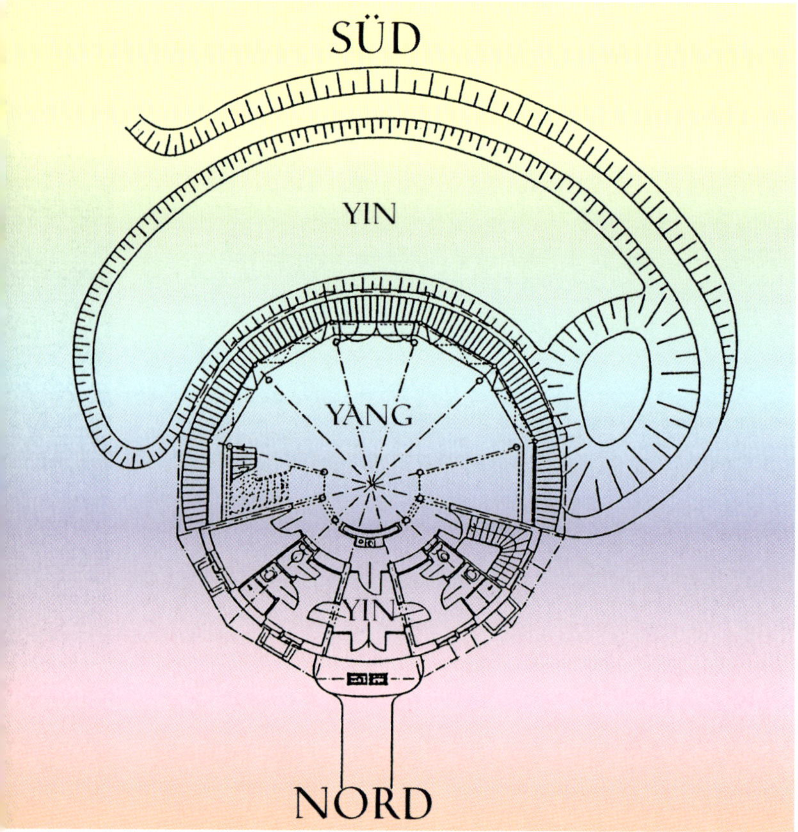

männlichen Prinzips, der Lösung von Aufgaben durch die Kraft des reinen Intellekts. Intuition und Inspiration werden nötiger als kognitive Logik und prinzipientreue Zielrealisierung. So besehen ist das Haus ein gebautes Manifest für die zukünftig einzuschlagende Entwicklungsrichtung des Menschen."

Ich habe seit 1992 anlässlich zahlreicher Seminare die besonderen Energien vor Ort als große Unterstützung und Bereicherung beim Lehren empfunden. Die Seminarteilnehmer wurden in ihrem Wachstum in einem Maße gefördert, dass große Schritte in Richtung Bewusstwerdung gemacht wurden. Bewusstwerdung und Selbsterkenntnis sind ein unbegrenzt wachsender Prozess, der dem Menschen seinem innersten Wesen näher bringt.

Vor ein paar Jahren war der zypriotische Heiler und Weise Daskalos auf Besuch in Rastenberg. Er war voll Bewunderung über die Architektur und meinte, dass dieses Haus nach den Prinzipien eines ägyptischen Einweihungstempels gebaut sei. Er sah auch die Präsenz des Erzengels Raphael, der die Energie des tiefen Friedens, des Erwachens und der Heilung bringt. Bei Aura-Soma trägt die Flasche B 96 die Energie Raphaels, Königsblau über Königsblau, die Farbe, die neben viel Holz die vorrangige Farbe in der Innenausstattung des Seminarhauses ist.

Am oberen Ende der Wand im Zentrum des Seminarraumes steht die königsblaue Flasche mit der Raphaels-Energie als sichtbares Symbol für die Verbindung dieses Gebäudes zu den himmlischen Kräften, die hier in so reichem Maße einfließen können.

Ich finde es beglückend, dass Giorgio Thurn-Valsassina den Mut hatte, seine Vision in die Materie umzusetzen und durch sein geomantisches (Geomantie = europäisches Feng Shui) Urwissen ein Seminarhaus für die neue Zeit zu schaffen, in dem schon viel Erwachen geschehen durfte. Seine Frau Christiane, selbst eine bekannte Schriftstellerin, sorgt mit französischem Charme und Herzlichkeit dafür, dass sich die Seminarteilnehmer auf besondere Weise umsorgt fühlen.

YIN UND YANG

Das Yin-Yang-Prinzip ist die Grundlage der traditionellen chinesischen Philosophie. Um das Entstehen von Yin und Yang verstehen zu können, muss man zum Uranfang der Geschichte zurückgehen. Die Welt wurde geboren aus dem Nichts, aus dem absoluten Nichts, aus der Leere. Diese Leere nennen die Chinesen WU CHI. Dann erhob sich aus dem Nichts eine Wahrnehmung, und zwar eine Wahrnehmung des Nichts. Wir können das numerologisch durch die Ziffer 0 darstellen. Die Null als Ausdruck des Grenzenlosen. Leere ist Form, Form ist Leere. In dieser Leere entsteht die erste Schwingung, vielleicht der Klang des ersten OM als Ausdruck der Intention von "es werde Licht". Licht ist hier nicht im physikalischen Sinn gemeint, denn die stoffliche Ebene kommt erst, numerologisch betrachtet, mit der Zahl 4.

Man befindet sich mit der Null im Konzept der Einheit, der unendlichen Quelle, des Anfangs und des Endes, einer Art paradiesischen Zustandes. Aus diesem Paradies ist jedoch der Mensch heraus gefallen, nachdem er vom Baum der Erkenntnis von Gut und Böse gegessen hatte, um von da an in der Polarität zu lernen.

Aus dem Bewusstsein der Null kristallisiert sich die individuelle 1 heraus, das männliche schöpferische Prinzip, das YANG. Die Bewegung, die die Eins hervorgebracht hat, geht weiter und bewirkt eine Veränderung in der Eins. Die Eins, als gerade Linie dargestellt, biegt sich, wird zweidimensional, die Zwei ist geboren, das YIN. YIN und YANG, als zwei Pole, ziehen sich an und vereinen sich in der Drei, im TAI CHI. Wenn diese Vereinigung geglückt ist, entsteht die Drei, die Trinität, die Einheit in der Dreiheit, das TAO. Das Tao ist die Einheit, ein harmonisches Ganzes, das alle Widersprüche und Unterscheidungen aufhebt. Der Taoismus ist eine Philosophie, die dem Menschen hilft, das Irdische zu transzendieren.

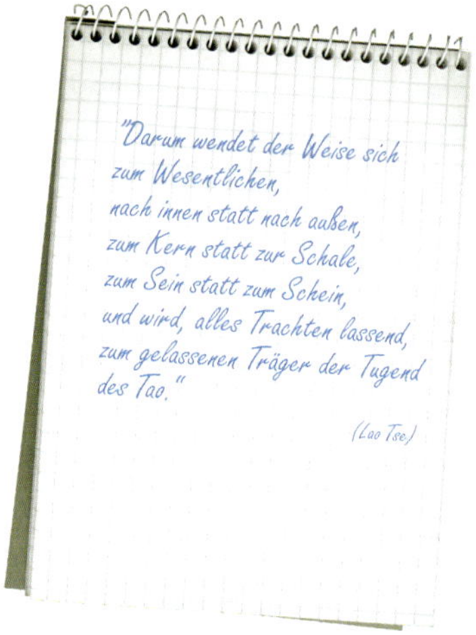

Nachstehend einige Entsprechungen von YIN und YANG im täglichen Leben :

YIN	YANG
schwarz	weiß
dunkel	hell
Mond	Sonne
Erde	Himmel
weiblich	männlich
passiv	aktiv
Tal	Berg
Nacht	Tag
Wasser	Wind
Land	Stadt
Ruhe	Anregung
Gefühl	Logik
Kontraktion	Ausdehnung
weich	hart
geschwungen	geradlinig
gerundet	gespitzt
verstreut	gesammelt
kühle Farben	warme Farben
runde Formen	spitze Formen
Erster Stock	Erdgeschoss
Rückseite des Hauses/ der Wohnung	Vorderseite des Hauses/ der Wohnung
Erholungsraum	Aktivitätenraum

YANG	YIN	TAO
Himmel	Erde	Mensch
Rot	Blau	Gelb
Eins	Zwei	Drei
Vater	Mutter	Kind
Rechts	Links	Mitte

Yin und Yang sind gleichranging und nicht trennbar. Sie sind ein System, um Schöpfungsenergien besser verstehen zu können.

Betrachtet man den Wohn- und Arbeitsraum nach dem Prinzip des Yin und Yang, so fragt man sich, in welchem Verhältnis die beiden Kräfte stehen sollen. Ist die perfekte Harmonie, also das Verhältnis 50 : 50, das einzig Wahre? Absolute Harmonie bedeutet auch Stillstand und bietet keine Wachstumsmöglichkeit. Sieht man sich das Yin-Yang-Symbol an - so herrscht hier ein Fließen der Kräfte, es darf einmal mehr das weibliche, einmal mehr das männliche Prinzip vorherrschen. Es ist ein wunderbarer Tanz zweier Kräfte, die einander durchdringen und befruchten. Sie sind in ununterbrochener Bewegung, und zwar innen und außen. Wenn diese Bewegung ein harmonisches Schwingen ist, befindet sich der Mensch im Gleichgewicht seiner Kraft. Betrachtet man die Energien von Yin und Yang in Bezug auf das Wohnen, kommt es ganz wesentlich darauf an, welchem Zweck ein Raum dienen soll.

YIN UND YANG IM BÜRO

Gestaltet man sein Arbeitsumfeld, sollte es vorrangig Yang geprägt sein. Die Energien müssen hier auf Aktivität ausgerichtet sein. Die Räume weisen klare Linien auf und sind funktionell eingerichtet. Helles Licht fördert eine aktive Arbeitsatmosphäre. Die Yang-Energie macht wach und schafft einen klaren Geist. Nun verfügt ein Büro über jede Menge technischer Einrichtungen, man trägt synthetische Kleidung, der Teppichboden ist auch aus keinem natürlichen Material und vielleicht befindet sich das Büro im 14. Stock eines Hochhauses. Alle diese Elemente tragen zu einem Yang-Prinzip bei, das bereits ein Übergewicht zeigt. Zu viel Yang macht einen hitzigen Kopf und kalte Füsse, reichlich Kaffeegenuss stimuliert noch mehr Yang. Stress und schnelle Ermüdung sind die Folge.

Das Yin-Yang-Symbol enthält im Yin einen weißen Punkt, im Yang einen schwarzen Punkt. Jedes Yin bedarf also des Yang und umgekehrt. Jeder Pol trägt den Samen des anderen in sich. Im Sinne der Ganzheit sind beide notwendig, aber keines ist besser als das andere.

In einem Büro, in dem Yang vorherrscht, gilt es, Yin einzubringen. Dies ist wichtig, um den kreativen und intuitiven Anteil der Arbeit nicht zu kurz kommen zu lassen. Auch der arbeitende Mensch benötigt eine Vision, eine Motivation. Die psychologische Seite eines Betriebes gilt es ebenfalls zu beachten, um durch entsprechende Mitarbeiterkultur das menschliche Potential zu fördern. Das Yin von Büroräumen wird beispielsweise durch Grünpflanzen gestärkt, die das Holz-Element einbringen.
Es ist wichtig, dass der Arbeitsplatz gut ausgeleuchtet ist, das Licht kann aber in manchen Bereichen gedämpft werden. Bei großen Glasfenstern ist es günstig, nicht nur durch Rollos und Jalousien, sondern durch den Einsatz von Vorhängen mehr textilen Charakter einzubringen.

Das Ausgleichen von Yin und Yang hängt von den Benützern des Arbeitsplatzes ab. Eine Frau braucht vielleicht bei ihrem Schreibtisch noch mehr Yin. Der Tisch kann gebogen sein, ein bunter Teppich, ein Wandbehang oder dekorative Bilder geben ihrem unmittelbaren Umfeld eine heimelige Atmosphäre.

Die Art der Tätigkeit wird aber auch das Verhältnis von Yin und Yang bestimmen. Ist ein Betrieb oder Büro leistungsorientiert und in einer technischen Richtung tätig, gilt die Yang-Ausrichtung. Handelt es sich um eine kreative Arbeit, bei der es um künstlerischen Ausdruck geht, sollte das Yin vorherrschen.

YIN UND YANG IN DER WOHNUNG

Der Wohnbereich hat insgesamt mehr Yin-Natur. Das Wohnen dient der Entspannung, der Erholung, dem Miteinandersein in der Familie, der Nahrungsaufnahme, dem Genießen...
Die Beleuchtung der Räume ist differenzierter, an Stelle von Deckenbeleuchtung geben kleine Stehlampen und Fluter individuelles Licht. Verschiedene Ziergegenstände verleihen den Räumen Gemütlichkeit. Zu viel Ruhe und Entspannung kann aber zu Lethargie und Melancholie führen, daher gilt es auch hier einen Ausgleich zu finden und mehr Yang mit mehr Licht, Luft und starken Farben einzubringen.

Es gelten hier keine fixen Regeln, denn das Ausmaß der einen oder anderen Kraft sollte auf die Person und ihre Bedürfnisse abgestimmt werden.

"Müsset in Natur betrachten
Immer eins wie alle achten,
nichts ist drinnen, nichts ist draußen;
denn was innen, das ist außen."
(Goethe)

Aus dem Wechselspiel von Yin und Yang entstehen die Manifestationen der fünf Elemente. Feuer, Erde, Holz, Metall und Wasser und geben Informationen für die grundlegenden Eigenschaften der Materie.

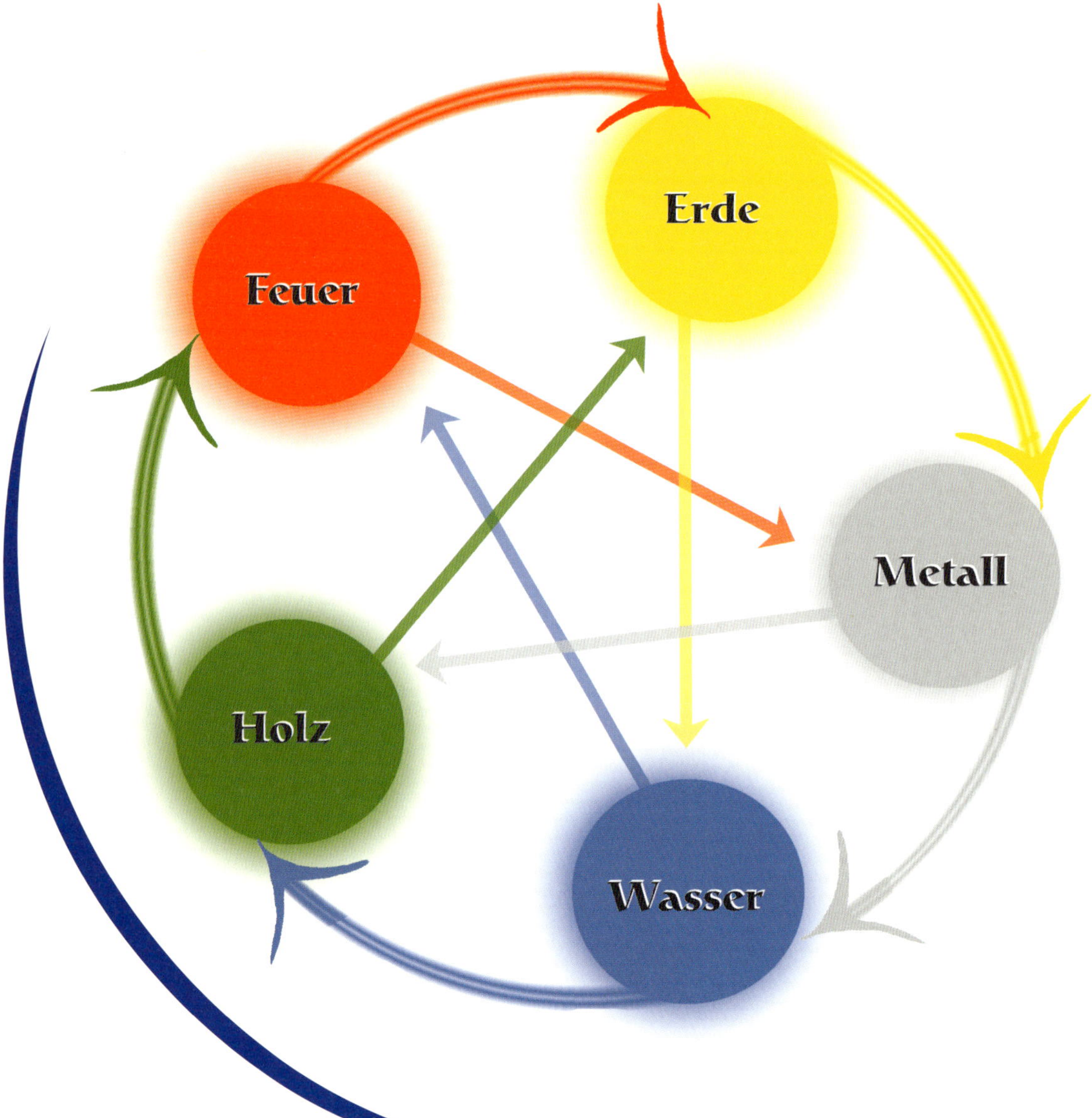
Erde
Feuer
Metall
Holz
Wasser

DIE FÜNF ELEMENTE

Abgeleitet von Naturbeobachtungen, haben die Chinesen Symbole für die grundlegenden Eigenschaften von Energie geschaffen und nennen die fünf Chi-Manifestationen die fünf Elemente oder auch die fünf Wandlungsphasen, Feuer, Erde, Holz, Metall und Wasser. Diesen fünf Qualitäten ordnen sie Jahreszeiten, Himmelsrichtungen, Organen, Farben, Formen, Materialien, Emotionen, Verhaltensweisen und Geschmacksrichtungen zu.

Bei der Betrachtung eines Raumes oder Hauses können Sie anhand dieses Diagnosesystems feststellen, inwieweit die Elemente in Einklang schwingen. Sind sie ausgewogen, dann herrscht Harmonie. Dominiert oder fehlt eines oder mehrere der Elemente, ist es sinnvoll, für Ausgleich zu sorgen, wobei auch hier die ganz persönlichen Bedürfnisse mit einzubeziehen sind.

Zwei Kreisläufe wurden von altersher festgelegt - der eine ist ein Zyklus der Schöpfung, ein Hervorbringungszyklus, der andere ist der Zyklus der Kontrolle.

DER ENTSTEHUNGSZYKLUS:

Aus Holz entsteht Feuer, aus Feuer entsteht Erde, in der Erde findet man Metalle, diese reichern Wasser an, Wasser nährt Holz. Wenn das Chi harmonisch von einem Element zum anderen fließt, herrscht ein sich nährender Kreislauf. Bei Unterbrechung des Kreislaufes kommt es zu Problemen und eventuellen Krankheiten.

DER KONTROLLZYKLUS:

Dieser Zyklus ist ebenfalls wichtig. Die Elemente kontrollieren einander, damit keines im Übermaß herrscht. So weiß man aus der Natur, dass Holz Erde durchdringt, Erde Wasser hemmt, Wasser Feuer löscht, Feuer Metall schmilzt und Metall Holz schneidet. Hier herrscht Harmonie, wenn ein Element das übernächste des Entstehungszyklus kontrolliert.

HOLZ

Das Element Holz ist dem Frühling und dem Osten zugeordnet.
Organ: Leber/Gallenblase.
Die Holzenergie steht für Gefühle, Wohlstand, Ausdehnung und Wachstum. Der Baum ist ein klassisches Symbol für Holz. Seine hohe und aufstrebende Form und die Farbe Grün stehen für die Kraft im Holzelement.
Möbel: Holz-, Rattan- und säulenförmige Möbel.
Materialien: Holz, Bambus, Kork.
Accessoires: Pflanzen aller Art, lebende und aus Stoff, Landschafts- und Pflanzenbilder.

FEUER

Das Element Feuer ist dem Sommer und dem Süden zugeordnet und steht für Ruhm, Liebe und Leidenschaft, Dynamik und Lebensfreude.
Organ: Herz/Dünndarm.
Seine Formen sind spitz und scharf, wodurch die Energie nach oben steigt.
Feuer ist die stärkste Yang-Kraft mit der Farbe Rot.
Möbel: Dreieckstische, Kunststoffmöbel.
Materialien: Kunstleder, Tierfelle, Kunststoffe.
Accessoires: Kerzen, elektrisches und Tageslicht, Federn, Tierdarstellungen.

ERDE

Das Element Erde ist dem Spätsommer und der Mitte zugeordnet und steht für Mitgefühl, Reife und Ernte, Verantwortung und Veränderungsfähigkeit. Erde ist das zentrale Element im Feng Shui.
Organ: Magen/Milz.

Seine Formen sind flache und bodennahe, quadratische und liegende Rechtecke.
Die Farbe ist Gelb.
Möbel: niedrige Schränke, Truhen, Bänke.
Materialien: Keramik, Terrakotta, Ton, Ziegel.
Accessoires: Keramikobjekte. Bilder, die erdige Landschaften darstellen.

METALL

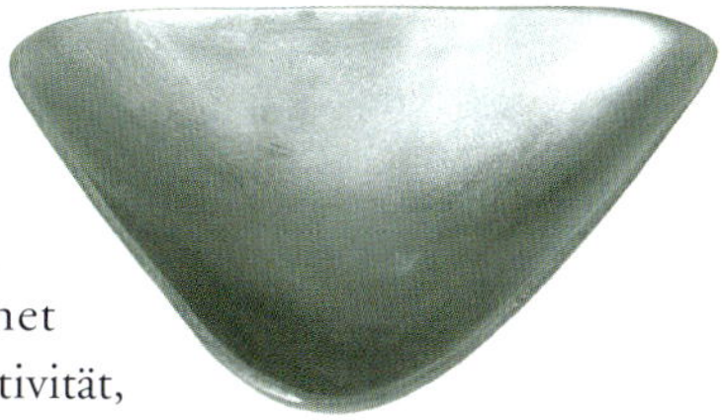

Das Element Metall ist dem Herbst und dem Westen zugeordnet und steht für Kreativität, Weisheit und Verständnis. Loslösen von der Materie.
Organ: Lunge/Dickdarm.
Seine Formen sind kuppel- und kreisförmig und oval. Die Bewegung geht nach innen.
Die Farbe ist Weiß.
Möbel: Metallregale und Metalltische, Stahlschränke.
Materialien: Gold, Silber, Kupfer, Messing, Eisen.
Accessoires: Metall- oder Natursteinskulpturen, Kristalle und Edelsteine.

WASSER

Das Element Wasser ist dem Winter und dem Norden zugeordnet und steht für Kommunikation und Gefühle, den Ursprung des Lebens sowie Anfang und Ende.
Organ: Niere/Blase.
Seine Formen sind unregelmäßig und wellenförmig. Die Energie fließt nach unten.
Die Farbe ist Dunkelblau/Schwarz.
Möbel: Vitrinen, Glasregale, Glastische.
Materialien: Glas, Wasser.
Accessoires: Brunnen, Aquarien, Spiegel, Glasobjekte.

In der Praxis werden Sie nach der Elemente-Analyse fehlende Elemente einbringen, schwache Elemente stärken und zu stark vertretene Elemente mindern. Zur Stärkung wird der Entstehungszyklus verwendet, zum Mindern der Kontrollzyklus. Die Kunst des Feng Shui liegt darin, Ihre Vorlieben zu berücksichtigen und trotzdem für ein harmonisches Miteinander der fünf Elemente zu sorgen.

Original White
Pink
Deep Red
Red
Orange
Olive
Emerald Green
Coral
Air Conditioner

AURA-SOMA UND DIE FÜNF ELEMENTE

Es ist nun möglich, die über 100 Equilibrium-Flaschen von Aura-Soma den fünf Elementen zuzuordnen. Sehen Sie dazu die Liste. Fehlt nun ein Element in Ihrem Wohnbereich, so können Sie dieses durch die vorgeschlagenen Möbel und Materialien stärken. Sie können aber auch die Liste der Flaschen durchschauen und sich spontan von einer oder mehreren ansprechen lassen. Vielleicht haben Sie Lust, mit dieser Flasche das Element zu stärken und durch Anwendung als Körperöl die Energien der Pflanzen, Kristalle und Farben über die Haut aufzunehmen oder durch das Aufstellen der Flasche an einem für Sie stimmigen Platz als Energieträger wirken zu lassen.
Eine weitere Möglichkeit besteht darin, diese Energie durch ein Raumspray zu fördern. Hier lässt sich folgende Einteilung treffen:

HOLZ: Raumspray grün, olivgrün, türkis
FEUER: Raumspray rot, dunkelrot, rosa
ERDE: Raumspray gelb, orange
METALL: Raumspray weiß, gold
WASSER: Raumspray blau, dunkelblau, tiefmagenta

HOLZ	FEUER	ERDE	METALL	WASSER
B3	B5	B4	B11	B0
B7	B6	B18	B12	B1
B8	B19	B22	B13	B2
B9	B23	B26	B14	B16
B10	B25	B31	B15	B20
B17	B27	B32	B48	B29
B21	B28	B39	B51	B30
B24	B34	B41	B54	B35
B33	B40	B42	B55	B36
B38	B45	B59	B60	B37
B43	B46	B61	B64	B44
B47	B52	B72	B69	B50
B53	B67	B76	B71	B57
B62	B75	B79	B73	B58
B63	B80	B82	B77	B66
B88	B81	B83	B85	B68
B91	B84	B87	B86	B78
B92	B89	B90	B94	B97
B93	B95	B96	B100	B98
B99				
B101				

Experimentieren Sie und finden Sie heraus, was für Sie angenehm ist.

Eine weitere Möglichkeit, mit der Zuordnung der Flaschen zu den Elementen zu arbeiten, liegt in der Auswahl Ihrer vier Aura-Soma-Flaschen. Die Erste zeigt Ihnen, welches Element Sie als Potential in sich tragen, die Zweite, durch welches Element Sie sich noch etwas bewusst machen und lernen können, die dritte Flasche zeigt Ihnen das Element, das im Hier und Heute durch seine Qualitäten präsent ist und die Vierte, wohin Ihr Weg in der Zukunft geht.

DIE PERSÖNLICHEN AURA-SOMA-FLASCHEN UND DIE FÜNF ELEMENTE

EIN BEISPIEL:

B 1	B 93	B 98	B 100
Wasser	Holz	Wasser	Metall

Offensichtlich herrscht hier das Wasser-Element vor. Die Flaschen wurden von einer Frau gewählt, die in der Tat sehr gefühlsbetont ist. Sie ist sehr feinfühlig und fließt mit dem Wandel des Lebens. Das ist ihre Qualität, wobei das zeitweilige Überfließen der Gefühle eine Herausforderung darstellt. Das Metall-Element in der vierten Flasche zeigt aber, dass die Tendenz dahin geht, die Gefühle im richtigen Verhältnis zum klaren Verstand zu bringen. Die dritte Flasche weist ebenfalls Wasserqualität auf, also ist der Lernprozess auf der Gefühlsebene im vollen Gange.

Das Holz-Element gilt es näher anzusehen, da es in der zweiten Flasche, in der so genannten Arbeitsflasche, auftaucht. Übertriebene Anpassungsfähigkeit kann hier dazu führen, sich von anderen beeinflussen zu lassen. Das Holz-Element gilt es im Wohnbereich durch Feng Shui Maßnahmen und durch Aura-Soma in der persönlichen Anwendung dieser Flasche zu stärken.

Als fehlendes der fünf Elemente haben wir Feuer und Erde. Feuer erschafft Erde. In diesem speziellen Fall ist im persönlichen Horoskop der westlichen Astrologie sehr viel Feuer vorhanden. Der Umgang mit diesem heißen Element wird immer besser bewältigt, es gilt noch, das fehlende Element Erde anzuschauen. Die Person steht mit beiden Beinen fest im Leben, musste allerdings lernen, ihre übertriebene Großzügigkeit anderen gegenüber in den Griff zu bekommen. Da auf der körperlichen Ebene Schwellungen der Augenlider auftreten, gilt es, das Erd-Element zu stärken.

Es muss also das Holz- und das Erd-Element genährt werden. Abgesehen von der Anwendung der Flasche B 93 als Körperöl, ist hier eine Verwendung der Aura-Soma-Farbtinktur von Vorteil. Es gibt fünfzehn verschiedene Farbtinkturen, die seit kurzem "Farbessenzen“ genannt werden. Ein energetisches Wasser, mit Alkohol konserviert, ist die Trägersubstanz für die Farbschwingungen. In Tropffläschchen aus Purpurglas ist die farblose Flüssigkeit enthalten. Wird diese auf einen farblosen klaren Bergkristall aufgebracht, ist es möglich, die entsprechende Farbschwingung durch eine spezielle Aufnahmetechnik sichtbar zu machen. So zeigt etwa eine rote Farbtinktur auf dem Foto des Bergkristalls eine rote Ausstrahlung.

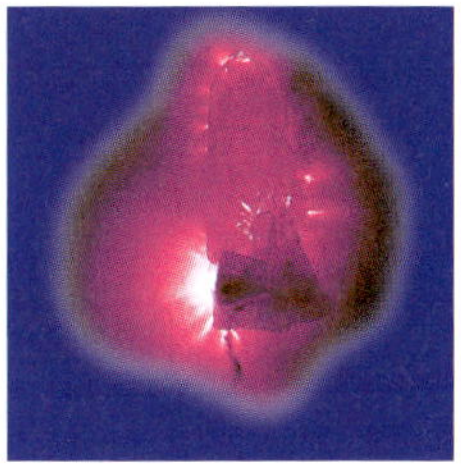

Die Farbessenzen werden so wie andere Essenzen (z.B. Bachblüten) angewendet. Man kann sie einnehmen oder sehr kreativ in seinem Umfeld als Energieschwingung einbringen - ein paar Tropfen ins Badewasser, ins Gießwasser für die Pflanzen, ins Putzwasser, ins Wasser zum Befeuchten der Bügelwäsche, ein Tropfen auf das Kopfpolster und so weiter. Hier können Sie Ihre Kreativität voll ausschöpfen, denn mit den Farbessenzen können Sie nichts falsch machen. Benützen Sie die Farbschwingung in Ihrem Umfeld zur Harmonisierung.

Zurück zu dem Fallbeispiel. Das Holz-Element wird der Farbe Grün zugeordnet, das Erd-Element der Farbe Gelb. Es können die Farbessenzen Grün und Gelb verwendet werden oder in der Mischung die Tertiärfarbe Oliv. Oliv ist außerdem die Komplementärfarbe zu Magenta, der Farbe im unteren Teil der B 1 und der B 100. Magenta ist eine wichtige Farbe, die auch dem Seelenstrahl zugeordnet ist. Dies zeigt, dass die olive Farbessenz das Mittel der Wahl ist.

Es gilt, alle Elemente, im Inneren wie im Äußeren, in Harmonie zu schwingen. Ort und Mensch sind energetisch miteinander verbunden. Wie innen, so außen, lehrte schon Hermes Trismegistos. Was den Ort verändert, verändert den Menschen. Was aber der Mensch in sich ausgleicht, wirkt bereichernd auf sein Umfeld und auf alle, die mit ihm in Berührung kommen.

DAS REINIGEN UND ENERGETISIEREN VON RÄUMEN

Bevor man daran gehen kann, einzelne Bereiche in seiner Wohnung zu aktivieren und Kraftzentren zu schaffen, sollte man sich mit der Feng Shui Regel Nr. 1 befassen. Die Grundvoraussetzung zur Anhebung der Energie im Wohn- und Arbeitsumfeld besteht darin, Ordnung zu schaffen. Vor jeder Feng Shui Maßnahme kommt als Erstes das Entrümpeln, das Neuordnen, das Reinigen auf der physischen Ebene.

"Ordnung ist die Form, auf die sich Schönheit stützt"

(Pearl S. Buck)

ENTRÜMPELN:
Nicht nur bei der Arbeit, auch zu Hause stellt sich eine gewisse Betriebsblindheit ein. Man sieht oft gar nicht mehr, wie viel unnötige Sachen man ansammelt und aufhebt, obwohl man sie nie mehr verwendet. Dinge stehen in der Wohnung herum, die weder ein Ziergegenstand noch ein sinnvoller Gebrauchsgegenstand sind. Sie lassen sich nicht einmal wegräumen, weil alle Kästen voll sind mit Dingen, an denen man hängt oder glaubt zu hängen oder von denen man meint, sie eventuell noch einmal verwenden zu können. Kleider etwa, die man ja doch noch einmal anziehen könnte, obwohl man dies schon seit fünf Jahren vorhat.

Dort, wo kein Raum ist für Neues, kann auch nichts Neues einfließen. Mit jedem Ausatmen entsteht Platz in den Lungen für neue Atemenergie, mit jedem Verdauungsgang wird der Magen entleert für neue Nahrungsaufnahme. Manche kennen das Gefühl von Neugeborensein nach einer Fasten- oder Entschlackungskur. So geht es auch in der Wohnung darum, immer wieder auszumisten und sich von Altem zu trennen, damit die Energien, damit die Entwicklung nicht stagniert. Wählen Sie zur Unterstützung für diesen Prozess den weißen Pomander oder die weiße Meisteressenz Serapis Bey für Ihre Aura und/oder als Raumspray, um die Klärungs- und Reinigungsenergie zu unterstützen. Vielleicht ist auch ein bisschen Rosa zum liebevollen Loslassen empfehlenswert. Fangen Sie in dem Raum oder bei dem Kasten an, den Sie sonst eher meiden, mit dem Sie sich nicht so gerne auseinander setzen. Fangen Sie einfach bei einer Lade an und gehen Sie Stück für

Stück durch und fragen Sie sich, ob Sie es noch benötigen. Wenn kein klares Ja kommt, sondern ein "Na vielleicht doch irgendwann einmal" - trennen Sie sich davon. Das Trennen von Gegenständen oder Kleidung sollte jedoch nicht einfach ein Wegwerfen sein. Vielleicht gibt es in Ihrem Umfeld jemanden, der sich noch darüber freuen würde, der es verwenden könnte. Sonst gibt es genug caritative Einrichtungen, die sinnvolle Verteiler sind.
Bei diesem Ausmisten werden Sie sich vielleicht mit der einen oder anderen Geschichte aus der Vergangenheit auseinander setzen und ein Stück Vergangenheit bewältigen. Sie befreien nicht nur etwas im Äußeren, sie haben die Möglichkeit, ein Stück Schattenarbeit für sich zu erledigen. Gehen Sie dabei liebevoll und achtsam mit sich und Ihrer Umgebung um.

REINIGEN:
Im Grobstofflichen ist es sinnvoll, nicht nur im Frühling intensiv zu putzen. Mit wachem Bewusstsein sollten Sie durch die Wohnung gehen. Inspizieren Sie einmal Ecken, den Boden unter den Möbeln oder das Innere der Schubladen. Sie können sich auch bei dieser Arbeit von den Energien von Aura-Soma begleiten lassen. Geben Sie eine farblose Farbessenz in das Reinigungswasser (Weiß zum Klären, Gelb für Freude, Rosa für Liebe, Blau für Frieden etc.) oder ein paar Tropfen Pomander auf das Staubtuch. Es ist wünschenswert, hier sehr kreativ zu sein, denn die Putzarbeit macht dann mehr Spaß und kann eine heilige Handlung werden.

Nach einem intensiven Putzdurchgang fühlen Sie sich vielleicht etwas müde, aber die Empfindung der Befriedigung und des Wohlfühlens in der gereinigten Umgebung wird ebenfalls in Ihnen sein.

Nach der grobstofflichen Reinigung gehen Sie an die feinstoffliche. Sie haben schon früher festgestellt, dass das Grobstoffliche, die Materie, nur einen Teil der Sie umgebenden Energien ausmacht. Sie können sicher sein, dass Ihr Chi, aber auch das der Räume, nach einer schlechten Nachricht, nach Krankheits- oder Todesfällen, nach Streit und Ärger stark belastet ist. So wie Sie sich vielleicht angewöhnt haben, Ihre Aura mit dem jeweiligen Pomander zu klären und wieder zu stärken, so werden sie sich von nun an auch Ihrer Verantwortung für die Wohn- und Arbeitsräume bewusster.

SPACE-CLEARING

Eine feinstoffliche Reinigung beginnt schon vor dem Hausbau durch Klärung der Energie des Geländes, des Grundstückes. Beim Hausbau wird oft viel Erdreich für den Keller ausgehoben. Wenn Sie daran denken, dass die Erde und der Mensch eins sind, dass auch die Erde ein Lebewesen ist, das nicht wie tote Materie behandelt werden sollte, geht es beim Bauen durchaus auch um Verletzungen, deren Sie sich annehmen sollten. Auch bei Haus- oder Wohnungsumbauten wird ein bestehendes Gefüge zerstört und Mauern niedergerissen. Die Bitte um Segen für den Um- oder Neubau schafft ein energetisches Fundament, auf dem die Arbeiten besser funktionieren werden. Sie können Licht für die Baustelle visualisieren und sehr wohl Pomander- und Meisteressenzen versprühen und damit eine Intention für gutes Gelingen der Bautätigkeit und Glück und Wohlergehen für alle zukünftigen Bewohner setzen.

Vor dem Einzug in ein neues Haus, besonders aber in schon bewohnt gewesene Räumlichkeiten, gilt es, eine mehrschichtige Reinigung vorzunehmen. Nach dem grobstofflichen Saubermachen kommt die feinstoffliche Ebene. Übernehmen Sie eine Wohnung und es ist Ihnen bekannt, dass in dieser jemand erst kürzlich oder schon vor längerer Zeit verstorben ist, gilt es, diese besonders intensiv zu reinigen und eventuell noch der Seele ins Licht zu helfen. Auch nach langer Krankheit und Auseinandersetzungen ist die Raumenergie stark belastet. Hier ist es sinnvoll, als Erstreinigung zu räuchern. Alle alten Kulturen haben den Rauch von Rinden, Harzen, Blüten und Kräutern für Reinigungs- und Heilzeremonien verwendet. Ich empfehle als Grundräucherung Weihrauch auf einer speziellen Räucherkohle in einem feuerfesten Gefäß zu verwenden.

Bevor Sie nun einfach durch die Räume gehen, bereiten Sie sich vor. Jede Reinigungsarbeit ist ein Ritual, das durch Ihre Ausrichtung verstärkt wird. Vielleicht sollten Sie sich etwas Spezielles anziehen. Alkoholgenuss kurz vor der Zeremonie ist nicht ratsam, da Ihre Wahrnehmung verfälscht würde. Sie selbst sollten gereinigt und damit klar sein. Vielleicht möchten Sie sich duschen oder zumindest die Hände waschen. Klären Sie Ihre eigene Aura mit weißem Pomander, falls Sie sich vor schweren Belastungen schützen wollen. Nehmen Sie den roten oder dunkelroten Pomander (dunkelrot ist der noch intensivere Schutz), falls Sie starke Spannungen erwarten.

Wenn Sie möchten, können Sie wie folgt vorgehen und sich einstimmen:
Beginnen Sie bei der Eingangstür. Stimmen Sie sich ein, fühlen Sie Ihre Füße fest am Boden, verwurzelt mit der Erde, atmen Sie ruhig und tief, jedes Ausatmen ist ein Loslassen. Bitten Sie um Begleitung und Schutz bei dieser Arbeit, Sie können Ihren Schutzengel ansprechen, die göttliche Schöpfungskraft oder den Geist des Ortes, den Hausgeist. Keine Angst, es handelt sich nicht um das Schreckensgespenst, sondern um jene Kraft, die man die "Seele des Ortes" oder den "Deva des Platzes" nennen könnte, die beseelte Kraft, der Sie jetzt vor Ort helfen können und die Sie wiederum begleiten kann, um sie auch auf Stellen aufmerksam zu machen, wo Ihre Arbeit besonders benötigt wird.

Gehen Sie nun in die Richtung, in die Sie möchten. Im Uhrzeigersinn beschreiben Sie einen Yang-Kreis, gegen den Uhrzeigersinn gehen Sie eher mit Yin vor. Bringen Sie daher den Rauch in jeden Raum.

Lassen Sie sich führen, verweilen Sie an Plätzen länger, wenn Sie das Bedürfnis danach verspüren. Richten Sie besondere Aufmerksamkeit auf die Ecken, denn dort stagniert gerne Energie.
Verteilen Sie den Rauch mit Ihrer Hand, oder vielleicht haben Sie eine größere Feder oder einen Fächer dafür. Achten Sie auf Ihre Gedanken und bleiben Sie konzentriert bei der Arbeit. Sie können Ihre Absicht auch in Worte kleiden und laut sprechen: "Ich reinige und kläre diese Räume von jeder Energie, die jetzt nicht mehr ihren Platz hier hat und übergebe sie dem Licht."

Am Ende Ihres Rundganges danken Sie für eventuelle Begleitung und Führung. Sie können jetzt nochmals einen reinigenden Pomander für Ihre eigene Aura verwenden. Das Öffnen der Fenster lässt alte Energien hinausziehen, und Sie können frisches, neues Chi herein bitten.

Das Räuchern können Sie nach Ihrem Gefühl wiederholen. Es kann ein monatliches Ritual bei abnehmendem Mond sein, wenn etwas Einschneidendes passiert ist oder wenn Sie das Gefühl haben, dass wieder 'dicke Luft' herrscht.
Eine weitere Möglichkeit, stagnierende Energien ins Fließen zu bringen, ist die Arbeit mit Klän-

gen. Musikinstrumente verschiedener Art können verwendet werden. Sie können das Musikinstrument, das Sie beherrschen, kreativ einsetzen, um Räume zu bespielen und in tote Ecken frische Schwingung zu bringen. Gerne werden Trommeln dafür gewählt, aber auch Rasseln, Zimbeln und Glöckchen.

Achten Sie auch hier auf Ihre Intention und den achtsamen Umgang mit dem Instrument und den Räumen. Nehmen Sie wahr, wie sich die Energien durch Ihre Tätigkeit verändern. Am Anfang des Trommelns oder des Spielens anderer Instrumente kann der Ton noch dumpf sein, im Laufe der Reinigung durch Klänge kann dieser heller, klarer und lauter schwingen. Haben Sie einmal kein Instrument zur Verfügung, so können Sie mit Ihren Händen klatschend Chi ins Schwingen bringen.

Vielleicht haben Sie auch Lust, Ihre Stimme einzusetzen durch Sakrales Chanten, durch das Singen Ihres Lieblingsliedes oder das ganz intuitive Erzeugen von Tönen und Melodien. Zur Grobreinigung wird die Stimme lauter sein und vielleicht immer sanfter und melodiöser werden, je mehr das Chi schon geklärt und in Bewegung ist.

Besonders beachten sollte man ererbte oder gekaufte antike Möbelstücke. Sie sind getränkt von der Energie der Vorbesitzer. Das kann eine harmonische Schwingung einbringen, wenn man ein schönes Stück von der geliebten Großmutter in seinem Wohnzimmer stehen hat, von der man weiß, dass sie ein glückliches Leben geführt hat. Oft ist die Herkunft einer Antiquität aber nicht bekannt oder man weiß sogar von einer tragischen Lebensgeschichte, die damit verbunden ist. Diese alten Stücke gehören gründlich gereinigt, und zwar sowohl außen wie auch in allen Ecken der Schubladen. Salz- und Essigwasser wurden früher vielfach dazu verwendet, oft ist die Politur aber dafür zu empfindlich. Es gibt nun die Möglichkeit, mit weißem Pomander und vor allem mit der weißen Meisteressenz Serapis Bey, die eine Reinigung bis zur karmischen Loslösung ermöglicht, energetisch an diesem guten Stück zu arbeiten und es von Fremdenergien zu befreien.

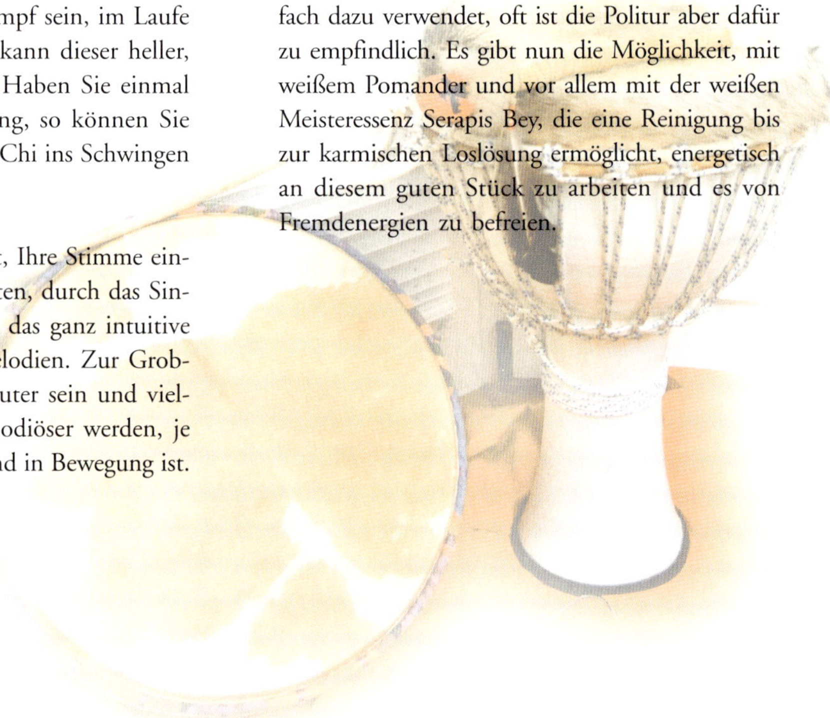

FEINREINIGUNG

Nun kommt der Feinputz mit den Pomandern. Es stehen fünfzehn verschiedene Energien, ausgedrückt durch fünfzehn verschiedene Farben und Düfte, zur Verfügung. Die Farbe Weiß steht für Reinheit, Klarheit, Sauberkeit, also wird das weiße Raumspray sicher am häufigsten zur Reinigung verwendet werden. Auch mit den anderen Farbenergien kann man reinigen. Als Anregung zur Anwendung und zur Ausrichtung der Intention bieten sich einige Stichworte und auch Affirmationssätze an. Eine Affirmation ist eine verbale Verstärkung der Energie. Seien Sie hierbei selbst kreativ und bitten Sie um die Energien, die Sie besonders benötigen und die Sie einsetzen möchten.

Sie können ein paar Tropfen des Pomanders auf Ihre Handflächen geben, diese verreiben und die Energie mit Ihren Händen im Raum verteilen, oder Sie verwenden den Raumspray, der dafür konzipiert ist, diese Energie in Ihr Umfeld zu tragen.

WEISS: Reinigung, Klärung, Erfrischung.
AFFIRMATION: Ich bitte um die Energie der Reinigung und der Klärung. Möge die göttliche Kraft des Lichtes sich entfalten.

WEISS

DUNKELROT: Intensiver Schutz, auch bei besetzenden Energien. Eine starke Energie, um Überlebensthemen anzugehen.
AFFIRMATION: Ich bitte um allerhöchsten Schutz und Kraft, um mein Leben zu meistern.

DUNKELROT

ROT: Energie für Umsetzung von Plänen. Kraft für den Alltag und für den Umgang mit materiellen Dingen.
AFFIRMATION: Ich bitte um Energie für meinen Alltag und um Schwung für meine Tätigkeiten.

ROT

Reinigen und Energetisieren

mit Pomandern & Raumsprays

ROSA: Liebe und Mitgefühl. Aggressionsfreies Miteinander. Selbstliebe.
Affirmation: Ich bitte um die Kraft der Liebe für mich und mein Umfeld und nehme sie liebevoll an, wie auch immer sie sich mir zeigt.

KORALLE: Liebe und Weisheit. Sinnliches Erleben.
Affirmation: Ich bitte um Ausgewogenheit der Energie der Liebe und der Weisheit und um freudvolles Genießen der Geschenke des Lebens.

GOLD: Das Licht der Weisheit. Tiefe Zufriedenheit und Freude.
Affirmation: Ich bitte um Zugang zu altem Wissen. Tiefe Zufriedenheit und Freude erfülle diesen Raum.

ORANGE: Unangenehme Nachrichten und Ereignisse. Geselliges Beisammensein. Genussvolle Sexualität.
Affirmation: Ich bitte um die Auflösung des Schocks. Ich bitte um lustvolles Beisammmensein.

GELB: Heiterkeit. Leichtigkeit. Mentale Konzentration.
Affirmation: Ich bitte um die Energie der Freude und der Heiterkeit. Ich bitte um Unterstützung bei meiner geistigen Tätigkeit.

OLIVGRÜN: Weisheit des Herzens. Sicheres Gefühl in kleinen oder großen Räumen. Regenerierung.
Affirmation: Ich bitte um die Schwingung des Herzens und um die Kraft der Regeneration. Wo wenig Platz ist, möge es sich freier anfühlen.

GRÜN: Entscheidungen. Gefühle. Eigene Wahrheit und eigener Weg. Frische Energie.
AFFIRMATION: Ich bitte darum, die richtigen Entscheidungen zu treffen. Ich bitte darum, meine Wahrheit leben und meinen Weg des Herzens gehen zu können. Erfrischung der Raumluft.

GRÜN

TÜRKIS: Kreativität. Gefühlsmäßige Kommunikation in Partnerbeziehungen und Gruppen.
AFFIRMATION: Ich bitte darum, meine schöpferische Kraft voll leben zu können. Meine Kommunikation in der Partnerschaft oder in Gruppen soll inspiriert und gefühlvoll sein.

TÜRKIS

BLAU: Kommunikation. Schutz. Loslassen. Frieden.
AFFIRMATION: Ich bitte um die Kraft für klare Kommunikation und Selbstausdruck. Ich bitte um Schutz und um die Energie des Loslassens, um die Energie des Friedens für meine Wohnung und alle Menschen in ihr.

BLAU

DUNKELBLAU: Tiefer Frieden. Inspiration. Feinstoffliche Wahrnehmung.
AFFIRMATION: Ich bitte um tiefen Frieden für meine Wohnung, um die Kraft der Inspiration und um die höhere Wahrnehmungsfähigkeit.

DUNKEL BLAU

VIOLETT: Heilung. Transformation. Beruhigung.
AFFIRMATION: Ich bitte um heilende Energien und die Kraft der Transformation, um Unterstützung bei der Entspannung und Meditation.

Violett

MAGENTA: Göttliche Liebe. Zugang zu Visionen und Träumen.
AFFIRMATION: Ich bitte um die göttliche Kraft und Liebe für mich und mein Umfeld, um Zugang zur Deutung meiner Träume und um Unterstützung bei der Visionssuche.

MAGENTA

DUFT
SCHWINGUNG

Sie können nun die einzelnen Pomander oder Raumsprays zum Reinigen und Energetisieren Ihrer Wohn- und Arbeitsräume verwenden. Gehen Sie wie beim Räuchern mit entsprechender Achtsamkeit und Ausrichtung durch die Räume, und sprühen Sie nach Ihrem Gefühl in die Ecken und in den Raum. Wenn Sie Ihren Duft z.B. in einem Großraumbüro verwenden, berücksichtigen Sie auch die Nasen der anderen. Es kann sein, dass Ihr Lieblingsduft vom Arbeitskollegen nicht geschätzt wird. Sprühen Sie also nicht zu viel oder zu einem Zeitpunkt, wo Sie niemand stören. Wenn auch der Duft vergeht, die Schwingung bleibt lange im Raum erhalten.

BEISPIELE AUS DER PRAXIS

Ein Krankenpfleger in einem Spital, der die Aura-Soma Sprays kennt und schätzt, sprüht immer wieder in der ganzen Abteilung. Drei Tage nach der letzten Reinigung bemerkte ein Besucher aus einer anderen Abteilung, dass es in dieser Abteilung so gut riecht. Es ist sicher nicht mehr der Duft, der in der Luft liegt, sondern die positive Schwingung, die Reinigung und das gestärkte Chi in der gesamten Krankenabteilung.

Eine Kindergärtnerin erzählte, dass ihre kleinen Schützlinge die Düfte sehr lieben. Vergisst sie einmal für ein paar Tage zu sprühen, wird sie von den Kindern erinnert mit einem "Bitte Tante, wieder Dufti".

In einer Handelsfirma verwendete der Mann einer Aura-Soma Beraterin vor einer Sitzung unbemerkt das rosa Raumspray. Allgemein wurde die mitfühlende, liebevolle Stimmung bei der Besprechung gelobt. Ein anderes Mal waren komplizierte Verhandlungsgespräche anberaumt, der Aura-Soma Freund setzte das grüne Raumspray für "genügend Raum und gute Entscheidungen" ein. Die Verhandlungen verliefen vorzüglich, zur Zufriedenheit aller Beteiligten. Als der Chef von der Energetisierung erfuhr, war er sehr begeistert und meinte, dass die Raumsprays immer zur Verfügung stehen sollten.

Eine Lehrerin in einer Sonderschule für verhaltensgestörte Kinder verwendet das blaue Raumspray. Die hyperaktiven Kinder werden spürbar friedlicher, und sie kann besser mit ihnen arbeiten.

Eine Professorin für Mathematik gönnt ihren Schülern vor der Schularbeit das gelbe Raumspray, damit diese besser analytisch denken können. Ihre Kollegin, die Sprachen unterrichtet, fördert das Erlernen und Wiedergeben von Fremdsprachen mit dem Sprühen des türkisen Pomanders im Klassenraum.

Eine sich wöchentlich treffende Meditationsgruppe klärt den Raum am Beginn immer mit Weiß, um dann mit Violett oder Magenta tiefer in die Meditation einsteigen zu können. Außerdem werden je nach Thema der Meditation auch Meisteressenzen verwendet. Vor dem Heimweg wird mit dem roten Raumspray die Kraft der Erdung in den Raum gebracht.

Eine Therapeutin, die an manchen Tagen laufend eine Sitzung nach der anderen hat, klärt zwischen den Klienten den Raum mit dem grünen Raumspray, damit nicht der Nächste noch die Schwingung vom Vorhergehenden aufnimmt.

Eine Beamtin am Arbeitsamt, die sehr viel Kundenverkehr hat, sprüht regelmäßig das goldene Raumspray. Die Menschen, die zu ihr kommen, sind entspannter und bemerken, auch ohne dass sie etwas riechen können, dass in diesem Büro eine angenehme Atmosphäre vorherrscht.

Eine Dame, die persönlich die Anwendung verschiedener Aura-Soma Produkte schätzt, wollte ihrem Sohn und seiner Frau, beide klassische Schulmediziner, Aura-Soma näher bringen. Sie gab ihnen das grüne Raumspray. Beide arbeiten als Lungenfachärzte (die körperliche Zuordnung der Farbe Grün ist die Lunge). Anfangs waren sie skeptisch, aber schon nach kurzer Zeit stellten beide fest, dass sie selbst nicht mehr so gestresst waren und sich wohler fühlten. Vor allem aber den Patienten, die im Warteraum der Ordination das grüne Raumspray mitgenießen konnten, ging es merklich besser.

Im privaten Bereich sollten Sie kreativ vorgehen. Sie können das Spray verwenden, das in den Raum von seiner Funktion her passt. Die Mutter eines Kindes mit Störungen im Essverhalten sprüht vor den Mahlzeiten Orange, um eine fördernde Energie ins Esszimmer zu bringen.

Das Vorzimmer einer Freundin ist extrem klein und dunkel, räumliche Veränderungen sind daher nicht möglich. Sie ist sehr bedacht, laufend ein Raumspray zu verwenden, abwechselnd Olivgrün für mehr Raum und Gelb für die Frische. Sie hat selbst das Gefühl von mehr Weite, die Beengung ist nicht mehr so drückend, und Freunde fragen sie, was sie im Vorzimmer verändert hat, weil es jetzt viel schöner ist.

Bei einer Beratung klagte eine junge Frau über ihr müdes Liebesleben. Sie und ihr Mann haben einen anstrengenden Beruf, abends sind sie meistens sehr müde. Seit sie im Schlafzimmer roten und orangen Raumspray verwendet, freut sie sich über die Aktivierung ihrer sexuellen Beziehung. Allerdings wirkte das rote Spray insgesamt sehr energetisierend, sodass beide schlechter einschlafen konnten. Nun verwendet sie gerne das Koralle-Raumspray - mit gutem Erfolg.

Eine Frau klagte über ihr schlechtes Verhältnis zu ihrer Schwiegermutter und darüber, dass die gemeinsamen Familienessen ihr immer viel Kraft kosteten. Abgesehen von anderen therapeutischen Ratschlägen nahm sie das rosa Raumspray mit, um alle Beteiligten bei einer liebevollen Begegnung zu unterstützen - mit Erfolg.

Die Kinder einer Bekannten, obwohl erst fünf und sieben Jahre alt, sind technisch sehr gut ausgestattet. In ihrem Kinderzimmer steht ein Fernseher und ein Computer. Feng Shui Maßnahme Nr. 1 wäre, nach anderen Plätzen außerhalb des Zimmers für die moderne Technik zu trachten. Weder die Eltern noch die Kinder sind dafür. Die Kinder selbst verwenden aber sehr gerne Aura-Soma Produkte. Sie haben das goldene Raumspray stets griffbereit und sprühen nach Lust und Laune. So reinigen sie ganz spielerisch ihre eigene Aura und die Aura des Raumes, damit die elektrischen Strahlen ihnen nicht so viel anhaben können.

Hier sei ein Wort zu Elektrosmog eingefügt. Es ist eine Tatsache, dass wir in einer hoch technisierten Zeit leben und den Strahlen elektrischer Geräte im Haushalt durch Mikrowelle, Induktionsherde, Halogenlampen mit Trafo, im Büro durch Computer, Faxgeräte, Kopierer, Leuchtstoffröhren etc. ständig ausgesetzt sind. In unserem näheren Umfeld können sich noch Hochspannungsleitungen und Handy-Masten befinden. Es gilt, hier einige Regeln zu beachten, um diesen Elektrosmog zu verringern. Lassen Sie die Elektroinstallationen nach richtiger Erdung überprüfen und bauen Sie einen Netzfreischalter ein. Geräte mit Trafos gilt es zu meiden, da die Trafos starke Felder erzeugen. Verwenden Sie geerdete Lampen. Verwenden Sie keinen Radiowecker am

Bett und keine elektrischen Heizdecken. Auch die Mikrowelle sollte aus der Küche verschwinden, sie verursacht den stärksten Elektrosmog. Es gibt sicherlich interessante Produkte am Markt, die auf Elektrosmog ausgleichend wirken.
Das Ungesündeste bei der Sache aber ist die Angstmacherei. Wenn Sie sich vor den Auswirkungen der modernen Technik, die wir uns selbst geschaffen haben, fürchten, so öffnet die Energie der Angst die Möglichkeit, dass diese Strahlen erst recht schädigend auf Sie einwirken.

Man kann die schädigenden Nachteile nicht vollkommen ignorieren, sollte aber bewusst und achtsam mit den Errungenschaften der Zeit umgehen. Was man aber Positives für sich und sein Umfeld tun kann, ist, die Ausrichtung auf Energievermehrung, Chi-Anhebung und Förderung der positiven Lebensenergie zu lenken. Erinnern Sie sich an den wichtigsten Feng Shui Grundsatz: Energie folgt ihrer Aufmerksamkeit!

Pomander reinigen, nähren und schützen die Aura, durch Meisteressenzen können Sie noch eine höhere Energie einladen, um mit Ihnen zu arbeiten. Meisteressenzen können auch ein "heißer Draht zum Himmel“ genannt werden. Diese Energien sind zwar in den höheren Sphären beheimatet, andererseits aber auch in uns selbst angelegt und stellen den Meister in uns dar. Die eigene Meisterschaft gilt es zu fördern, um unabhängig von äußeren Gegebenheiten aus der Mitte heraus das Leben zu meistern.

Mit den Raumsprays der Meisteressenzen können Sie Räumen einen energetischen Feinschliff geben und eine feine Schwingung einladen. Je nach Farbstrahl besitzen sie besondere Eigenschaften und Möglichkeiten, die im Kapitel über Aura-Soma beschrieben sind. Lassen Sie sich vom Duft, der Kurzbeschreibung und Ihrer Intuition leiten. Wenn Sie sich für keine Essenz entschließen können, nehmen Sie für den Anfang die Farbe des unteren Teils der ersten Flasche von Aura-Soma, die Sie gewählt haben.

DAS LEBEWESEN HAUS

Um die Aufmerksamkeit dem Umfeld gegenüber zu fördern und um sensibler zu werden für die einen umgebenden Energien, sollte man das Haus und die Wohnung als etwas Lebendiges betrachten, etwas, das mit den Menschen in direkter Verbindung steht. Im Sinne des Resonanzgesetzes wohnt man nicht zufällig in einem bestimmten Haus, sondern hat sich diese Umgebung selbst geschaffen. Die jeweilige Wohnung bietet genau das Umfeld, in dem man am besten erkennen kann, wo die eigenen Lernschritte liegen.

Von außen betrachtet, ist die Tür und der Eingang der Mund zum Wesen Haus bzw. Wohnung. Der Mund ist essentiell zur Nahrungsaufnahme, hier kommt Chi in den Organismus, also sollte der Eingang groß genug sein und der Energiefluss im Eingang und im Vorzimmer sich sammeln können, bevor er weiter in die Räume, zu den einzelnen Organen fließen kann. Der Fluss zu allen Räumen ist wichtig. Wenn ein Raum selten benützt oder ein Abstellraum ist, der nur voll gestopft und nie sortiert wird, ist die Blockade so eindeutig wie der Energiestau in einem Organ.

Die Fenster haben die Funktion der Augen. Durch die Fenster sieht man hinaus in die Welt. Sind die Fensterscheiben gut geputzt, gewähren sie einen klaren Blick. Sind die Fenster klein, ist es anstrengender und vielleicht nicht so gewünscht, die Außenwelt zu sehen. Große Fenster, Glasflächen bis zum Boden, die sich sogar ohne Vorhänge präsentieren, zeigen ein offenes Wesen.
Ein Haus in der Nachbarschaft hat vor allen Fenstern Gitter, da sich vor allem der Mann vor Einbrechern fürchtet. Seine Frau hat große Augenprobleme, sie sieht zunehmend schlechter und wird sich demnächst einer Augenoperation unterziehen.
Die Wände gleichen der Haut. Ist sie gepflegt oder sollten sie wieder einmal ausgemalt werden?

So wie das Körper-Haus nicht nur Wasser, sondern sich gerne auch einmal eine Creme wünscht, sollte man auch der Wandfarbe mehr Aufmerksamkeit schenken. Ich darf Sie einladen, mehr Mut zur Farbe zu zeigen. Das klare, funktionelle Weiß darf in Wohnräumen einer Farbe weichen, die Stimmung und eine Heilschwingung einbringt, wie Sie es sich anfangs nicht vorstellen können. Besprechen Sie mit Ihren Mitbewohnern, mit welchen Farben Sie sich wohl fühlen würden, legen Sie Stoffe in den Farben aus, leihen Sie sich eine Farbkarte vom nächsten Malergeschäft aus und experimentieren Sie. Haben Sie die neue Wandfarbe gefunden, fühlen Sie sich ein, welche Energie Sie in diesem Raum nähren möchten. Suchen Sie sich dazu eine Aura-Soma-Flasche aus, einen Pomander, eine Meisteressenz oder die klare Farbessenz. Falls ein Maler Ihre Räume ausmalt, erklären Sie ihm, dass Sie nun in die Wandfarbe eine Essenz geben werden, die für Sie gut ist. Auch wenn er etwas erstaunt schaut, nehmen Sie sich Zeit, ganz nach Ihrer Intuition ein paar Tropfen der verschiedenen Mittel in den Malerkübel zu geben und alles in einer Achterschlinge zu vermischen. Halten Sie dann die Hände über den Farbkübel, segnen Sie den Inhalt und bitten Sie um die Energie des Allerhöchsten.

Als mein Wohnzimmer auf diese Art und Weise ausgemalt wurde und der Maler nach getaner Arbeit die Wohnung verließ, legten meine Tochter und ich uns auf den sauberen Boden und wollten gar nicht mehr aufstehen, so wunderbar war die neue Schwingung in diesem Raum. Wir stellten dann provisorisch ein paar Möbel hinein, tranken Tee und plauderten lange miteinander. Der Unterschied zur ursprünglichen Raumenergie war umwerfend beglückend.

Die Mauern sind wie die Knochen, wie bin ich gebaut? Sind die Wände schief, bröckeln sie? Wo bröckelt etwas in meinem Leben, wo ist hier kein solider Rahmen? Der Keller hat etwas mit unserem Unterbewusstsein zu tun. Ist es in unserem Keller dunkel, unaufgeräumt und habe ich Angst, mich dorthin zu begeben? Oder habe ich einen Überblick in meinem Keller, ist es aufgeräumt, entrümple ich regelmäßig, habe ich Spaß, auch hier etwas Farbe einzubringen, dann kann ich annehmen, dass ich mit meiner Schattenarbeit gut vorankomme und in meinem Unterbewusstsein immer wieder aufräume. Dies ist gesund für alle anderen Ebenen des Seins.

Die Stufen sind die Verbindung zu anderen Ebenen. Eine ungerade Anzahl an Stufen hat mehr Dynamik als eine gerade Anzahl. Sind die einzel-

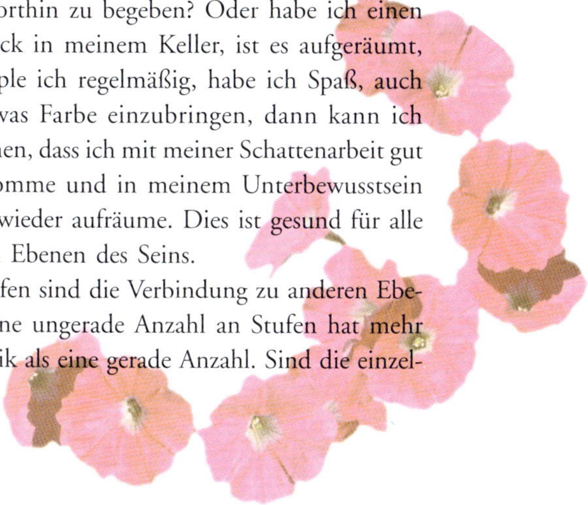

nen Stufen offen, z.B. bei einer Holzstiege in einer Wohnung, kann das Chi nicht gut hinauffließen. Es ist sinnvoll, diese Stufen zu schließen. Wendeltreppen sind problematisch, weil sie wie ein Schraubenzieher in der Raumenergie wirken. Durch das Aufhängen einer Spirale am oberen Ende der Wendeltreppe kann man das Chi hinaufziehen. Im Zentrum eines Stiegenaufganges ist das Aufstellen von Pflanzen günstig. Insgesamt lässt sich das Fließen des Chi unterstützen durch Anbringen von Bildern, Licht und Farbe.

So wie der Keller das Unbewusste darstellt, ist der Dachbereich das Überbewusstsein, die Verbindung nach oben. Auch den Dachbodenräumen gilt es Aufmerksamkeit zu schenken und sie nicht nur als Stauflächen für alte Möbel etc. zu sehen. Ordnung und Klarheit in diesen Räumen hilft auch der eigenen Klarheit. Die Dachformen geben Aufschluss über die Elemente, aber auch hinsichtlich des Bewusstseins des Menschen.
Ein spitzes Dach entspricht dem Feuer-Element und kann bei starker Ausprägung eine Kopfbetonung anzeigen.
Ein Flachdach entspricht dem Erd-Element und zeigt Erdverbundenheit an, möglicherweise auch gestaute Gefühle.

Reihenhäuser sind mit dem Wasser-Element, also mit fließenden Gefühlen in Verbindung, manchmal kann es zu Schwierigkeiten in der gefühlsmäßigen Abgrenzung kommen.
Kuppeldächer sind dem Metall zugeordnet. Durch ihre runden Formen ergänzen sie sich sehr harmonisch mit der Natur und helfen daher, sich zu zentrieren.
Hochhäuser gehören mit ihrer aufstrebenden Form zum Holz-Element. Je höher die Häuser sind, desto weniger Erdung gibt es in den oberen Etagen.

Seien Sie auch achtsam der Funktionalität der Räume gegenüber. Ist ein Spiegel zerbrochen, tauschen Sie ihn so bald als möglich aus, denn sie wollen ja kein verzerrtes Bild der Realität haben. Durchgebrannte Glühbirnen ersetzen Sie gleich, auf dass es wieder Licht werde. Kommt es immer wieder zu Kurzschlüssen in Ihrer Wohnung, gilt es natürlich, die Elektrik insgesamt zu kontrollieren, aber vielleicht stehen auch Sie unter besonderer Spannung? Tropft der Wasserhahn, ist der Abfluss verstopft? Wie sieht es mit Ihren Gefühlen aus? Das kann sich bis zu solchen Extremen zeigen, dass bei einer Freundin zum Zeitpunkt ihrer Scheidung der ganze Hausabwasserkanal überlief.

Lernen Sie, die Zeichen zu erkennen und Ihr Umfeld als Spiegel zu nehmen. Sie müssen dies nicht übertreiben, aber durch eine entsprechende Sensibilisierung schulen Sie Ihre Wahrnehmung. Allein schon durch die Wahrnehmung vollzieht sich auf der geistigen Ebene eine Umwandlung. Eine Umwandlung im Bewusstsein bewirkt zugleich eine Wandlung des Ichs, die wiederum eine heilende Wirkung auf das Umfeld ausübt.

DER FENG SHUI GARTEN

Hat man das Glück und besitzt zu seinem Haus oder seiner Wohnung auch einen Garten, so zählt dieser als wichtiger Bereich im Umfeld. Hier besteht die Möglichkeit, eine Quelle der Erholung und der Kraft zu schaffen, die den Fluss der Lebenskraft unterstützt und Lebensfreude schenkt.

In den Anlagen der historischen Gärten, aber auch in den Gärten der europäischen Gartenbaukultur, herrschen strenge, gerade Linien vor. Die Gegebenheiten der meisten Hausstrukturen und der Grundstücksformen in unserer Zeit sind nun einmal rechteckig. Hier kann man durch weiche, geschwungene Weg- und Beetformen das Chi zum Fließen einladen. Dies entspricht dem Grundprinzip des Feng Shui. Da die geraden Linien Yang sind, kann durch runde und weiche Konturen das Yin im Garten gestärkt werden. Durch das Ausbalancieren dieser Kräfte, auch im eigenen Garten, entsteht eine Anhebung der Energie.

Gestaltungselemente im Garten

YIN	YANG
Wasser still	Wasser bewegt
Ruhezonen	aktive Zonen
Geschwungene Linien	Gerade Linien
Runde Steine	Felsige Steine
Symbol: Schildkröte	Symbol: Vogel
Runde Formen	Dreieckige Formen
Rosenkugel	Sonnensymbol
Hängematte	Sonnenschirm
Klang im Garten	Licht im Garten
Immergrüne Pflanzen	Blühende Pflanzen

Das Raster des Bagua kann man auch über den Garten legen, um einzelne Bereiche besonders zu stärken. Ist zum Beispiel der Wissensbereich in der Wohnung geschwächt oder nicht vorhanden, sollte man diesem Bereich im Garten besondere Aufmerksamkeit schenken. Haben Sie zurzeit ein Partnerschaftsthema in Ihrem Leben, können Sie das Partnereck in Ihrem Garten aktivieren. Gehen Sie spielerisch mit den hier angegebenen Möglichkeiten um und folgen Sie Ihrer Intuition. Es müssen ja keine großen Veränderungen, die mit hohen Kosten verbunden sind, durchgeführt werden. Es genügt vielleicht, die liebevolle Zuwendung für die vorhandenen Pflanzen durch herkömmliche Gartenpflege wie Unkrautjäten und Düngen um diesen Bereich zu nähren und ihn mit einer Aura-Soma-Flasche zu energetisieren.

Auch die Gestaltungselemente im Garten können den fünf Elemente zugeordnet werden, die man je nach Bedarf einsetzen kann.

HOLZ

Osten - Bagua-Zone "Familie und Reichtum" - Pergola aus Holz, Gartenmöbel aus Holz. Pflanzen mit hohem, schlankem Wuchs, wie Zypresse und Stechpalme.

FEUER

Süden - Bagua-Zone "Ruhm" - Gartenlicht und Feuerplätze. Pflanzen mit spitzen Formen, wie Farne, Schwertlilien und Fichten.

ERDE

Mitte - Bagua-Zone "Partnerschaft, Wissen und Tai Chi" - Terrakotta-Töpfe, Keramiken und Steine. Pflanzen wie Rosen, Hauswurzen, Wacholder, Bodendecker.

METALL

Westen - Bagua-Zone "Hilfreiche Freunde und Kinder" - Metall- und Natursteinskulpturen, Kuppeln, Rosenkugeln. Pflanzen wie Kugeldistel, Hortensien, Gräser, Kissenastern.

WASSER

Norden - Bagua-Zone "Karriere" - Brunnen, Teiche, Vogeltränken, Klangspiele. Pflanzen mit welligen Blattformen wie Funkien und Geisblatt, hängende Baumformen wie Schirmulme und hängende Zierkirsche.

Schaffen Sie sich in Ihrem Garten einen Platz zum Entspannen und Meditieren. Dieser Ort soll Sie zum Rückzug einladen. Lauschen Sie hier bewusst den Tönen der Natur, dem Rauschen der Blätter und dem Vogelgezwitscher. Der Gesang der Vögel wurde wissenschaftlich untersucht. Es wurde festgestellt, dass sich durch die Naturtöne die Blatt-Chakras öffnen, Früchte größer gedeihen und mehr Vitamin C hervorbringen, Getreideernten sich verbessern und Kühe mehr Milch mit mehr Kalzium geben.
Also lauschen Sie noch bewusster dem Vogelgezwitscher und lassen Sie sich davon erfreuen und erfrischen.

Bäume können als Wächter für den Garten und für das Haus angesehen werden. Sie sollten nur nicht zu nahe am Gebäude stehen. Bäume sind energetische Mittler zwischen Himmel und Erde. Der Ausspruch: "Das Verhältnis Mensch-Baum muss wieder religiöse Ausmaße annehmen", stammt von Friedensreich Hundertwasser. Hundertwasser war nicht nur ein weltberühmter Maler, er war auch ein Kämpfer für die Umwelt, für ein natürlicheres Leben, für mehr Individualität und Kreativität. Ihm war die Natur und das Verhältnis des Menschen zur Natur sehr wichtig. Auch wenn seine Ideen zur Begrünung der Städte teilweise radikal waren, so ist es die Aufgabe der Künstler, Vordenker zu sein und durch extreme Ansichten wachzurütteln, auf dass wenigstens ein kleiner Teil der Ideen eine Umsetzung in der Realität finden. Er bezeichnete die gerade Linie als gottlos und brachte in seine Architektur vor allem die geschwungene Form und sehr viel Yin-Elemente ein.

Die Natur wurde in früheren Zeiten als beseelt betrachtet. Jede Quelle, jeder Baum, jede Pflanze hatte seinen eigenen Geist, vor dem die Menschen Ehrfurcht empfanden. In der heutigen Zeit wächst wieder das Bewusstsein für diese Beseelung, der Respekt vor Elementarwesen und Pflanzen-Devas.

Bei Aura-Soma fördert die Meisteressenz Kuthumi die Kommunikation mit diesen feinstofflichen Naturwesen. Sie macht uns unsere Aufgabe bewusst, unsere liebevolle Aufmerksamkeit vermehrt auf das Naturreich zu lenken. Sie entspricht dem gelben Farbstrahl und verbindet alle Wesen im Licht. Wenn man die geistig-seelische Ebene der Pflanzen erspürt und ihre Bedürfnisse besser wahrnimmt, kann man ganzheitlich und intuitiv seinen Garten gestalten und pflegen. Edward Bach fand auf diese Art und Weise seine Blütenessenzen, und die Findhorn Gemeinschaft in Schottland arbeitete sehr erfolgreich im Gartenbau und in der Landwirtschaft durch die Zusammenarbeit mit den Devas der Pflanzen.

Die Meisteressenz Kuthumi kann vor der Gartenarbeit oder vor einem Spaziergang in der Natur verwendet werden, um sich für die Energien zu öffnen und den Kontakt zu den Naturwesen zu verstärken. Eine Gartenarchitektin, die Heilgärten nach intuitiven Feng Shui Prinzipien konzipiert, arbeitet mit "Kuthumi" bei der Planung eines Gartens zur Auswahl der Pflanzen. Bei der Garteneinweihung mit dem Eigentümer führt sie gerne eine Zeremonie durch, indem sie die verdünnte "Kuthumi-Essenz" auf alle Pflanzen sprüht, um sie zu segnen, um für gutes Wachstum zu bitten und sie energetisch mit den Menschen, die diesen Garten benützen, zu verbinden. Für alle Beteiligten ist sofort eine Energie der Freude und Leichtigkeit zu spüren, die von den Pflanzen und von den Menschen ausgeht und ein innigeres, liebevolles Miteinander ermöglicht.

Gartenbauexperten haben die Erfahrung gemacht, das Wachstum und die Gesundheit von Rosen weitgehend mit der Bestrahlung von rosa-farbigem Licht zu fördern, da die Pflanzen unter der Einwirkung dieser Schwingung ganz besonders gut gedeihen.

Sie könnten daher in das Gießwasser für Ihre Rosen ein paar Tropfen rosa Pomander oder rosa Farbessenz geben, um den Pflanzen die rosa Schwingung als Stärkung zuzuführen. Insgesamt können Sie Ihr Gießwasser auch für die Zimmerpflanzen mit goldenem Pomander und der Kuthumi-Meisteressenz energetisch anreichern.

Es ist insgesamt eine gute Idee, auf intuitive Art und Weise Pflanzen im Garten und im Wohnbereich zu befragen, welche Farbschwingung sie gerne hätten. Sie müssen dazu kein großer Magier sein, vertrauen Sie dem ersten Farbimpuls, der Ihnen kommt. Mein alter Kirschbaum benötigte zum Beispiel nach dem Schnitt der Äste violett, die Farbe der Heilung.

Pflanzen reagieren auf Schwingungen. Es ist wissenschaftlich nachgewiesen, dass Pflanzen bei Musik von Bach besser gedeihen als bei Heavy Metal und auch positiv reagieren, wenn Sie mit ihnen sprechen, also sich ihnen bewusst zuwenden. Durch das Einbringen der Aura-Soma-Schwingungen können Sie ihnen zusätzliche Nahrung geben, die sie Ihnen wieder durch besseres Gedeihen zurückstrahlen.

Das Bagua

Das Bagua gleicht einem Raster, der über die eigene Wohnung gelegt werden kann und Aufschluss über die Energieströme und Energieverteilungen gibt. Dieser Raster ist in acht Segmente und ein Zentrum geteilt, denen insgesamt neun Lebenssituationen und energetische Qualitäten zugeordnet sind.
Es gibt zwei Arten, um mit dem Bagua zu arbeiten. Das "Kompass-Bagua" wird nach den Himmelsrichtungen ausgerichtet, das "Drei-Türen-Bagua" geht von der Eingangstür aus.

DAS DREI-TÜREN-BAGUA

Der Vorteil des "Drei-Türen-Baguas" liegt in der einfacheren Handhabung. Das "Drei-Türen-Bagua" gehört zur Formenschule und geht von der Haus- oder Wohnungstür aus, durch die das Chi hereinfließt, unabhängig von den Himmelsrichtungen. Die Eingangstür liegt entweder im Bereich Wissen, Karriere oder Hilfreiche Freunde. Bei schräg gestellten Eingängen richtet sich der Ausgangspunkt danach, von welcher Richtung die meiste Energie in den Raum fließt.

Das Bagua bezieht sich auf die acht Trigramme des I Ging. Das I Ging ist das große Buch der Wandlungen, ein mystisches Diagramm der frühen Kosmologie, welches den Menschen mit dem Universum verbindet. Ein Trigramm wird aus drei Linien gebildet, wobei die durchgehenden Linien Yang symbolisieren und die durchbrochenen Linien Yin. Jedes Trigramm wird noch einem Element, einer Himmelsrichtung oder einem Familienmitglied zugeordnet und trägt auch einen eigenen Namen.

Die folgende Skizze zeigt die Zuordnung der Elemente, der Himmelsrichtungen, der I-Ging Zei-

chen, der Familienmitglieder und der Farben zu den einzelnen Bereichen:
In der Folge spüren wir uns in die einzelnen Bereiche ein, um etwas von ihrer Qualität zu erfahren. Es handelt sich hier nicht um eine Ansammlung von Teilen, sondern alle Bereiche sind miteinander verbunden und bilden ein einheitliches Ganzes.

Die Bagua-Bereiche und ihre Eigenschaften

Es wird im Uhrzeigersinn beim Eingang begonnen, wobei der Eingang auch im Bereich der Hilfreichen Freunde oder im Bereich des Wissens sein kann. Wir nehmen die Eingangstür in der mittleren Zone an und fangen unsere Betrachtung im Bereich Karriere an.

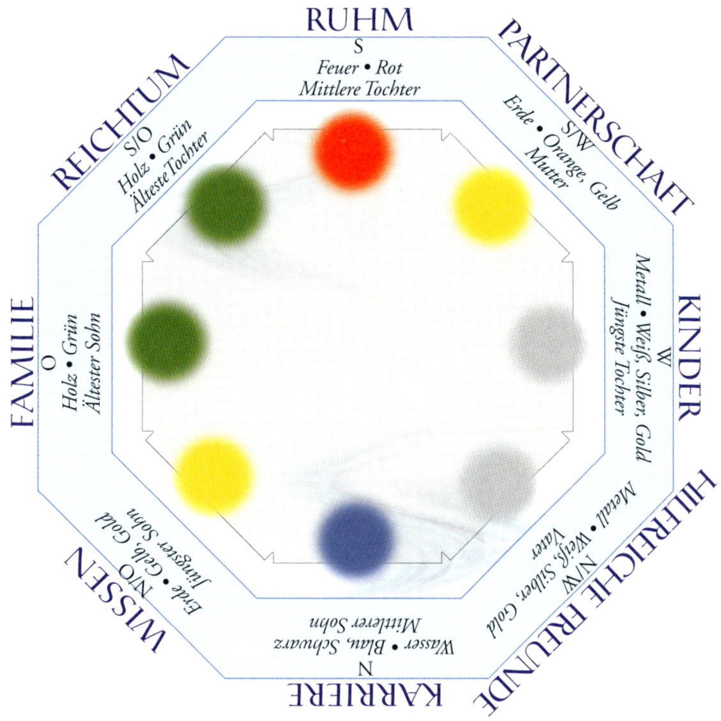

Beruf/Karriere/Reise

Diese Bagua-Zone gehört zum Element Wasser, zur Willenskraft und den Gefühlen. Bewegen Sie sich im Fluss des Lebens, ist Ihre Lebensreise voller Freude, und es wird Ihnen gelingen, Beruf mit Berufung zu paaren und einer erfüllenden Tätigkeit nachzugehen. Sie gehen dann Ihren Lebensweg, der im Einklang mit der Mission Ihrer Seele steht. Sie nehmen sich die Freiheit, zu tun, was Sie gerne machen, und das ist in jedem Falle auch der Karriere förderlich. Sie schöpfen Ihre Möglichkeiten aus und leben Ihre Talente.

REICHTUM *Segnungen, Fülle innerer u. äußerer Reichtum, Harmonie, Materie, Geschäftserfolg, Glück & Segen*	RUHM *Anerkennung, Ausstrahlung, Erleuchtung, Popularität, Selbstverwirklichung, Ziel und Ernte, Zukunftsvisionen*	PARTNERSCHAFT *Beziehungen - berufliche u. private, Kontakt mit anderen Menschen, Kommunikation, Das weibliche Prinzip, Dualität*
FAMILIE *Vorfahren, Ältere, Ahnen, Eltern, Herkunft, genetisches Erbe, Erbschaften, Tradition, Werte*	TAI CHI *Mitte, Zentrum, Kundalini-Energie, Gleichgewicht, Harmonie, Bezugspunkt, Sinn des Lebens, Rückverbindung zur Schöpferkraft*	KINDER *Kreativität, Nachkommen, Ideen, Projekte u. Pläne, Genuss und Freude, Geselligkeit, Kreativität*
WISSEN *Erkenntnis, Lernen und Lehren, Meditation, Selbsterkenntnis, Inneres Wissen, Bewusstseinsentwicklung, Kontemplation*	KARRIERE *Berufliche Laufbahn, Beruf/Berufung, Lebensreise, Fluss des Lebens, Willenskraft, Freiheit, Entfaltung*	HILFREICHE MENSCHEN *Freunde, Lehrer, Mentoren, Schutzengel, Geistige Führer, Nachbarn, Menschenliebe*

Wissen/Erkenntnis

Hier ist nicht das rein angelernte Wissen gemeint, sondern der Prozess der Erkenntnis, der aus der Stille heraus entsteht. Hier ist das Lernen und Lehren zu Hause. Das innere Wissen, das durch Innenschau entsteht, der Weisheitsschatz in Menschen, der durch Kontemplation genährt wird. Die Persönlichkeit kann sich durch diese innere Weisheit in sich ruhend und sicher fühlen. Es ist der wichtige Schritt der Selbsterkenntnis, bevor Sie hinaus in die Welt treten. Meditation ist eine wunderbare Möglichkeit, im täglichen Leben immer wieder in seine Mitte zu kommen.

Familie/Vorfahren

Dieser Bereich zeigt Ihre Verbindung mit Ihrem Erbe an, welches Sie von Ihren Vorfahren und Ihren Eltern mitbekommen haben. Es ist dies die genetische Information und die Prägung durch die Erziehung. Leben Sie in Harmonie mit Ihrer Familie, dann leben Sie in Harmonie mit der Menschheit. Wenn es in diesem Bereich noch Groll, Vorwürfe oder Schuldzuweisungen an Ihre Eltern gibt, ist es ganz wichtig, hier Frieden zu schließen, zu verzeihen, wenn dies notwendig ist und vor allem für alles dankbar zu sein, was Sie von Ihren Eltern und Ihren Vorfahren empfangen haben, materiell und geistig. Das ist die Voraussetzung für jede glückliche Partnerbeziehung und eine erfüllte Elternrolle zu den eigenen Kindern. Es gilt aber auch, Achtung und Ehrerbietung gegenüber älteren Menschen und Vorgesetzen zu empfinden und zu zeigen.

Fülle/Reichtum

Dieses ist der Bereich, wo das Glück zu Hause ist. Die Menschen sprechen meist von Fülle und Reichtum und denken vorrangig an den materiellen Reichtum. Finanzieller Wohlstand sei Ihnen gegönnt, stehen Sie dazu, dass dies ebenfalls zu Ihrem Glück beitragen kann.

Es sind Ihre Taten, aus denen Wachstum und Fülle entstehen kann. Ihr Bemühen, etwas in der Welt zu bewirken, zeigt sich im Dienen an der Menschheit. Aus dieser Haltung ist Ihnen glückhafter Segen sicher. Schätzen Sie die bereichernden Erfahrungen, die Ihr Leben lebenswert machen, und seien Sie dankbar für das, was Ihnen gegeben ist. Von Zeit zu Zeit können Sie sich auch die Frage stellen: "Wie viel brauche ich, um glücklich zu sein?" und können feststellen, dass ein Lächeln, ein liebevolles Wort, der Sonnenschein, Vogelgezwitscher oder die Betrachtung und der Duft einer Blume sehr beglückende Momente im Leben darstellen.

Ruhm/Anerkennung

Nach Zeiten des Aufbaus ist nun der Höhepunkt erreicht. Sie kommen in den Genuss des Erfolges. Sie genießen das Ansehen, und Ihre Ausstrahlung und der eigene Ausdruck sind voll entwickelt. Sie strahlen Wärme und Klarheit aus, Sie haben sich selbst verwirklicht. Talente, die vorher noch verborgen

waren, kommen jetzt ans Licht. Darum steht dieser Bereich auch für gute Kontakte und gesellschaftliche Anerkennung. Je erleuchteter Sie sind, desto mehr können sie andere erleuchten. Vergessen Sie nicht: "Vor der Erleuchtung trage Wasser, hacke Holz. Nach der Erleuchtung trage Wasser, hacke Holz."

Beziehungen/Partnerschaft

Dieser Bereich repräsentiert vor allem die Partnerschaft, allerdings nicht nur eine Mann/Frau-Beziehung, sondern jede zwischenmenschliche Beziehung, also auch den Kontakt zu den Freunden, zu Nachbarn oder zu Kollegen. In einer Beziehung, egal ob beruflich, erotisch oder platonisch, geht es um den Austausch, um das Geben und Nehmen. Das Wesentliche dieses Bereiches wird durch das Element Erde symbolisiert, eine empfangende, fruchtbare Energie, die oft von Sehnsucht erfüllt ist. In Beziehungen gibt es viel zu lernen, Projektionen werden ausgeschickt und das, was im Spiegel, den uns ein Partner vorhält, erkannt wird, ist nicht immer leicht zu nehmen. Es gilt, Abhängigkeiten zu lösen, um als eigenständige Person leben zu können. Können Sie auch mit sich alleine glücklich sein? Dann haben Sie die beste Voraussetzung geschaffen, um eine ausgewogene Partnerschaft leben zu können.

Kinder/ Kreativität

Hier geht es um die schönen Dinge im Leben, um Genuss von Speisen, um angenehme Musik, um wohltuende Düfte, um sinnliche Genüsse und Entspannung. Der Bereich der Nachkommen kann nun für leibliche Kinder stehen, aber auch für die geistigen Ideale und kreativen Ergüsse, die uns wie Kinder am Herzen liegen. Ideen werden geboren und die Kreativität unterstützt die Umsetzung von Visionen. Lassen Sie der Phantasie freien Lauf, richten Sie die Aufmerksamkeit auf alles, was Ihnen Freude bereitet und was zum Spielen einlädt. Teilen Sie diese Freude auch mit anderen. Die Leichtigkeit des Seins darf hier spürbar sein.

Hilfreiche Freunde

Die schöpferische Kraft des Universums kann Ihnen durch eine gute Verbindung zur geistigen Welt zugute kommen. Was auf der Erde eine unterstützende Kraft durch gute Freunde, Lehrer und Mentoren sein kann, kann sich in der spirituellen Welt als Schutzengel und Geistführer darstellen.

Die Freunde in der geistigen Welt sind zwar nicht so greifbar, stellen aber genauso eine hilfreiche Kraft dar, wenn Sie sie annehmen wollen. Geistige und materielle Hilfe, die Sie erhalten, gilt es auch weiterzugeben. Geben und Nehmen stehen im Austausch. Durch das zur Verfügung stellen Ihrer Energie, durch das Geben von Zeit und Liebe in selbstloser Form, ist es möglich, Schutzengel für andere zu werden und wahre Menschenfreundlichkeit zu üben.

Tai Chi

Hier liegt die Mitte, das Zentrum der Wohnung. Hier ist die Anballung der größten Kraft, hier fließen alle Energien aller Bereiche zusammen und verbinden sich. Es stellt also das innere Gleichgewicht, die harmonische Mitte dar und kann auch als Herz der Wohnung gesehen werden. Da die Mitte so wichtig ist, sollen hier die Energien frei fließen können. In der asiatischen Tradition bleibt oft die Mitte der Wohnung und eines Hauses als kommunikatives und geistiges Zentrum frei. Dieses innere Gleichgewicht ist essentiell für die Energie der Wohnung, aber auch für Sie selbst. Sind Sie in der Mitte verankert, sind Sie in Einklang mit sich selbst, dann fühlen Sie sich wohl und stabil. Das trägt wiederum zu einer guten Gesundheit und Konstitution bei. Die Lebenskraft steht Ihnen voll zur Verfügung. Den inneren Tempel in sich und in der Wohnung zu nähren, hat auch mit Selbstliebe und Selbstwahrnehmung zu tun.

PRAKTISCHE ANWENDUNG DES BAGUA

Den Raster des Bagua kann man auf den Wohnungsplan, auf den Grundriss des Grundstückes, des Hauses, eines Zimmers, eines Büros, auf den Schreibtisch, auch auf den Plan einer Stadt legen. Der Ausgangspunkt der Betrachtung liegt immer beim Eingang, dort, wo die Energie hineinfließt. Beim Schreibtisch ist es die Seite, wo der Schreibtischbenützer sitzt, bei einer Stadt ist es die Hauptverkehrsanbindung, also jener Teil, wo die Autobahn in die Stadt mündet oder ein Fluss auf die Stadtgrenze stößt, der dann die Stadt durchfließt. Bei einem mehrstöckigen Haus ist es die Richtung, in der das jeweilige Stockwerk betreten wird.

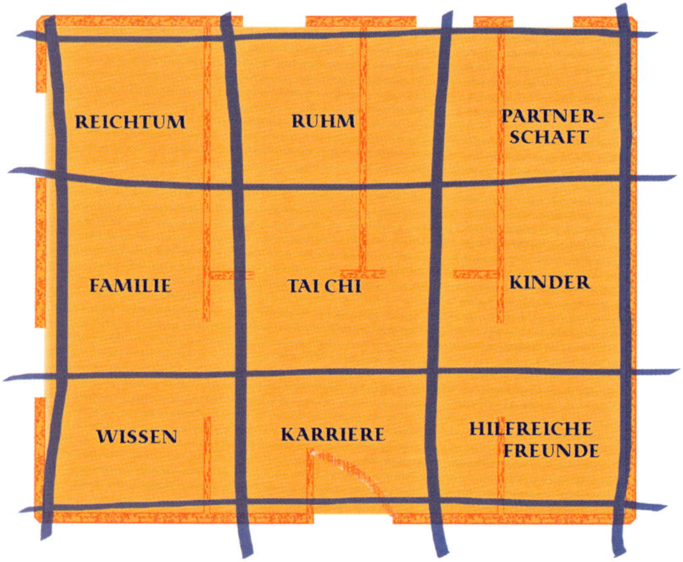

Im Idealfall ist der Grundriss quadratisch oder viereckig. Man dividiert die Länge der Seiten durch drei und zieht dann den Raster. Ist der Grundriss unregelmäßig, erkennt man Bereiche, die nicht innerhalb des Viereckes sind oder die frei bleiben. Ragt ein Teil, der kleiner als die Hälfte der Seitenlänge ist, über den Raster hinaus, lässt sich von einer Verstärkung oder Bereicherung sprechen. Nimmt man einen Erker in einer Wohnung oder einem Haus an, so stellt dieser eine Quelle für mehr Licht und Platz dar, der von innen betrachtet eine Weitung und Bereicherung ist.

Bereicherung

Fehlbereich

Fehlt im Raster des Baguas ein Bereich, so gilt es, diesen näher zu betrachten. Welchem Bereich der Lebensreise er entspricht, erkenne ich aus der Beschreibung. Welche Qualität ist dadurch in meinem Leben nicht voll ausgeprägt? Lassen Sie jetzt aber kein Mangelgefühl aufkommen, sondern sehen Sie dies als Hinweis, diesem Bereich mehr Aufmerksamkeit zu schenken. Die Erlösung des Schattens bringt Bewusstsein für das eigene Potential. Bewusstseinsarbeit ist gleichzeitig Erlösungsarbeit. So wird die Wohnung zum Heilungstempel, zum Ort der Kraft.

Hier bietet sich wieder eine Parallele zu Aura-Soma an. Bei der zweiten der vier gewählten Aura-Soma Flaschen spricht man von Herausforderung, vom Holperstein. Wie gehe ich mit einem Hindernis auf meinem Lebensweg um, stolpere ich über diesen Stein, weil ich unaufmerksam bin und meinen Weg nicht bewusst gehe? Oder nehme ich das Hindernis als Herausforderung an, um daran zu wachsen? Im Schatten liegt das Potential. So lässt sich die Aussage der zweiten Flasche bei Aura-Soma deuten. Man sollte wissen, dass man durch die Anwendung dieser Flasche einen Schlüssel und eine Unterstützung für eine Erweiterung des Bewusstseins in den Händen hält. Indem man die-

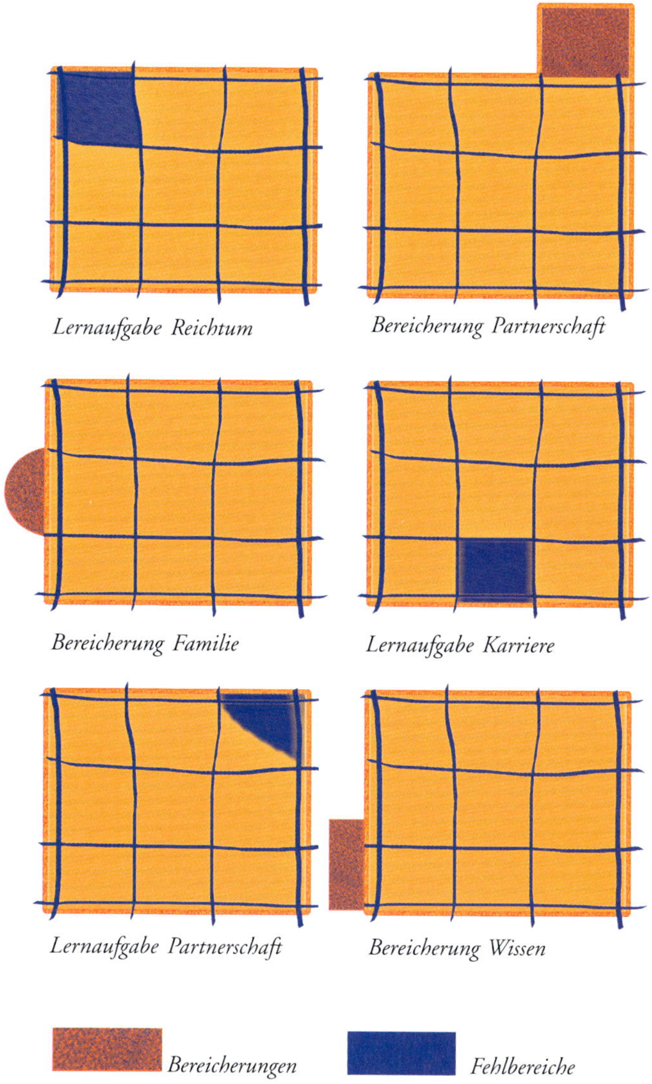

sem Thema im Leben Aufmerksamkeit schenkt und schrittweise daran lernt, kann sich diese Herausforderung als großes Geschenk und als Talent entwickeln. "Mit unserer Wahrnehmung beseelen wir die Wirklichkeit", sagte C.G.Jung.

Genauso geht man mit einer nicht vorhandenen oder schwachen Zone in der Wohnung um. Man widmet ihr Aufmerksamkeit und Liebe, aktiviert sie mit energetisierenden Maßnahmen und bringt dadurch das Chi des gesamten Wohnkörpers wieder in Fluss. Fehlt ein Bereich komplett, kann man ihn in einer anderen Zone stellvertretend besonders beachten. Fehlt z.B. der Bereich Ahnen, nährt man diesen Bereich bei der Zone Kinder besonders, da diese Bereiche auch noch eine zusätzliche Beziehung haben.
Fehlt der Bereich Partnerschaft, fördert man diesen bei den Hilfreichen Freunden.

Wenn es möglich ist, kann dieser mangelnde Bereich auch im Äußeren, im Garten durch eine starke Pflanze, durch ein Gartenlicht oder eine Steinsetzung gekräftigt werden.

Die Aura-Soma Equilibrium-Flaschen lassen sich wie zu den Elementen so auch zu den einzelnen Bereichen zuordnen. So lassen sich mit einzelnen Flaschen und ihrer Grundinformation sowie ihren Grundenergien Zusammenhänge zu den Zonen finden.
Ich möchte hier ein paar Flaschen zu einzelnen Bereichen benennen, aber nicht alle Flaschen. Es soll genug Spielraum bleiben für Ihr eigenes Gefühl. Ihre Intuition darf Sie zu den Flaschen führen, die für Sie ganz persönlich stimmig sind. Aura-Soma ist ja eine nicht eingreifende Seelentherapie, und Vicky Wall hat immer betont, dass der größere Führer die innere Stimme ist, der eigene Meister im Inneren. Stimmen Sie sich auf alle Flaschen ein und fragen Sie sich, welche Flasche jetzt für Sie hilfreich sein könnte. Sie dürfen sicher sein, dass eine Flasche Sie nun besonders anspricht oder Ihnen erst jetzt so richtig auffällt. Sie werden es einfach wissen.

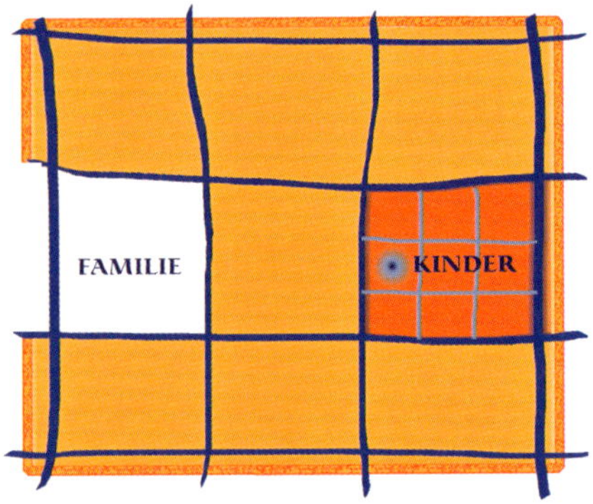

Stärkung des Bereiches Familie in der Zone Kinder

Stärkung des Bereiches Partnerschaft in der Zone Hilfreiche Freunde

Das Bagua ist aber nicht nur ein einfacher Raster, sondern hat auch ein Bewegungsmuster nach universellen Gesetzmäßigkeiten der Natur. Im so genannten Magischen Quadrat sind die Bereiche auf bestimmte Weise angeordnet. Das Prinzip des Magischen Quadrates ist es, dass die Addition der Zahlen in allen Richtungen die gleiche Summe gibt, und zwar 15.
1, die männliche Schöpferkraft, verbindet sich mit 5, der Zahl des Menschen. Zusammen ergeben sie die 6. Der Mensch erhält einen sechsten Sinn,

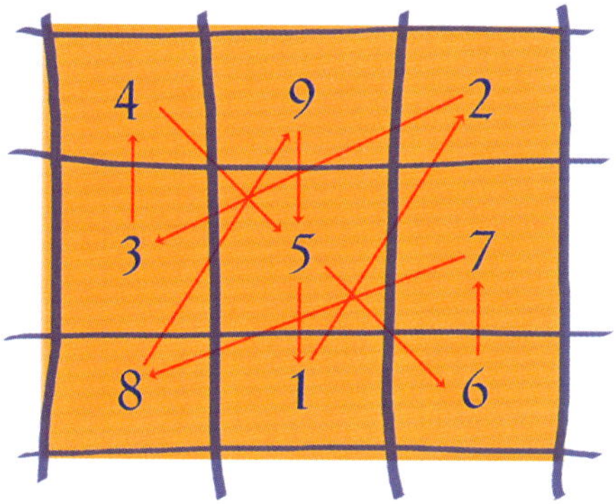

um damit ein tieferes Universum wahrnehmen zu können. 6 ist die Verbindung von Mikrokosmos (Mensch) und Makrokosmos (Universum).

Die Zahlenabfolge der einzelnen Bereiche gibt einen Schlüssel zum besseren Verstehen in die Hand. Bei 1 (Anfang) "Karriere" beginnt der Energiefluss, die Lebensreise. Wenn hier ausreichend Chi fließt, steht genügend für die nächste Zone 2 (Dualität) "Partnerschaft" zur Verfügung. Von hier fließt es zur 3 (Vater, Mutter, Kind) "Familie". Die 4 ist die Zahl der Materie, der Bereich "Reichtum". "Das Zentrum" ist die 5, die Zahl des Menschen. Mit 6 bringen wir das Geistige mit Hilfe von "Freunden" auf die Erde. 7 ist die heilige Zahl für "Kinder und Kreativität". Die 8 vereint "Wissen und Weisheit" im Inneren und Äußeren, um mit der 9, der Zahl der Vollendung und der Erleuchtung, die Reise zu beschließen.

DAS STÄRKEN DER EINZELNEN BEREICHE

1 Karriere

In den Fluss zu kommen mit Wassersäulen, Brunnen, Aquarien oder Bildern mit Wassermotiven. Alles, was sich bewegt, braucht viel Raum, also wenig Kästen, wenig Stauraum, klare Strukturen, damit die Reise hell und klar beginnen kann.

B 2 (Blau/Blau) Friedvolle, klare Energie, die Friedensflasche.

B 3 (Blau/Grün) Frieden im Bewusstsein und den Raum geben für Selbstausdruck.

B 40 (Rot/Gold) Bewusstsein über das "Ich bin", das die Reise beginnt.

B 91 (Oliv/Oliv) Die weiblich-intuitiven Eigenschaften führen auf dem Weg.

B 94 (Hellblau/Hellgelb) Die Karriere/Reise ist im Einklang, wenn der göttliche Wille sich mit dem menschlichen Willen vereint.

2 Partnerschaft

Ein Bereich zum Wohlfühlen, für gemütlichen Rückzug. Weiche Materialien, warme Farben, bequeme Sitzmöbel, Kissen, dicke Teppiche, paarweise Partnerschaftssymbole, Delphine, Rosenmotive. Platz für weibliche Energie schaffen. Numerologisch errechnete Partnerschaftsflaschen; Fotos von geliebten Menschen; nichts, was Einsamkeit ausdrückt; zwei Kerzen, Lampe mit zwei Lichtern.

B 11 (Klar/Rosa) Liebe und Licht, Liebesnotfallflasche.

B 21 (Grün/Rosa) Beginn und Raum für neue Liebe.

B 34 (Rosa/Türkis) Geburt der Venus, der Ausdruck der Liebe.

B 76 (Rosa/Gold) Die Fülle der Liebe auf allen Ebenen genießen.

B 80 (Rot/Rosa) Das Erwachen für die Kraft der Liebe.

B 87 (Koralle/Koralle) Offenheit für die Liebe, Liebe annehmen können.

3 Familie

Loslassen, was nicht stimmig ist. Keine kaputten Gegenstände. Sich mit Dingen umgeben, die man gerne hat. Fotos der Familie, wo alle glücklich aussehen. Gesunde Grünpflanzen, aufstrebende Einrichtungsgegenstände, Klangspiele, angenehme Musik.

B 1 (Blau/Tiefmagenta) Unsere Wurzeln heilen.
B 10 (Grün/Grün) Gesundes Wachsen, herzliche Verbindung.
B 17 (Grün/Violett) Heilung von Familienmustern.
B 38 (Violett/Grün) Gesunde Wurzeln lassen unsere Seele erblühen.
B 63 (Grün/Hellgrün) Der eigenen Wahrheit Raum geben.

4 Reichtum

Die Fülle darstellen durch Edelsteine, Schmuckdosen, Aquarien, Brunnen und Windspiele, gesunde Pflanzen. Platz für Sparbücher, Safe, Reichtumssymbole. Was ist für uns noch wertvoll, was bedeutet Segen in unserem Leben? Diesem persönlichen Glück Ausdruck verleihen.

B 31 (Grün/Gold) Die Fontäne, übersprudelndes Glück.
B 41 (Gold/Gold) Der Topf von Gold am Ende des Regenbogens.
B 73 (Gold/Klar) Verstehen, dass wir desto reicher sind, je mehr wir geben.
B 74 (Hellgelb/Hellgrün) Glück und Segen, inneres und äußeres Wachstum.

5 Tai Chi

Die Mitte so frei wie möglich halten, das Zentrum betonen durch DNS-Spirale, einen Kristall-Luster, einen Regenbogenkristall, der von der Decke hängt, einen runden Teppich, ein Stern/Sonnenmotiv im Parkettboden, einen klaren Bergkristall. So frei und klar wie möglich gestalten, damit sich das Chi sammeln kann. Das Zentrum stärken Sie auch mit sich selbst, also ist das der Ort für Ihre Seelenflasche.

B 54 (Klar/Klar) Im Klar ist alles und nichts, das volle Lichtpotential.

B 100 (Klar/Tiefmagenta) Allumfassende, universelle Lebensenergie. Wie oben so unten.

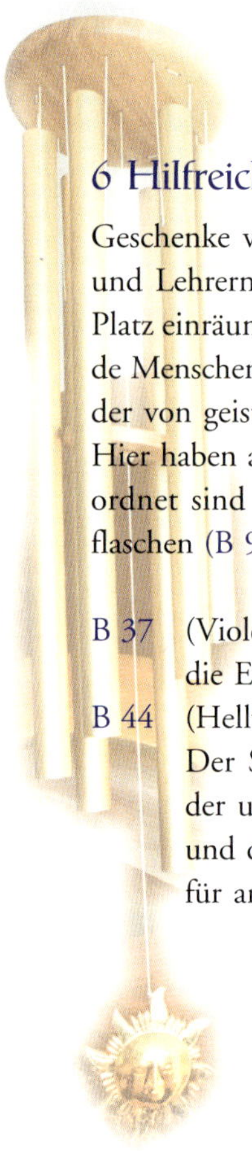

6 Hilfreiche Freunde

Geschenke von Freunden, Bilder von Mentoren und Lehrern, dem Herrn des Hauses hier einen Platz einräumen, Klangspiele wirken wie anrufende Menschen, Telefon, e-mails, Symbole und Bilder von geistigen Führern, Kristalle.
Hier haben alle Flaschen, die den Meistern zugeordnet sind (B 50 - B 64) und alle Erzengelflaschen (B 94 - B 101) ihren Platz, aber auch

B 37 (Violett/Blau) Der Schutzengel kommt auf die Erde, um spürbare Hilfe zu geben.

B 44 (Hellviolett/Hellblau) Der Schutzengel, der uns begleitet und der wir auch für andere sind.

Die Meister-Flaschen

Die Erzengel-Flaschen

7 Kinder/Kreativität

Der Ausdruck von Kreativität und Lebensfreude. Zeichen für Genuss, eine Obstschale, ein Blumenstrauß, Bilder, die Freude und Leichtigkeit vermitteln. Bilder der leiblichen Kinder oder Symbole für die geistigen Kinder. Glänzende Gegenstände und Kristalle. Alle Flaschen des Kindersets (B 11 - B 15) sowie

B 20 (Blau/Rosa) Sorgt für das Innere Kind, Öffnung der Intuition.

B 43 (Türkis/Türkis) Kreativer Fluss, Kommunikation durch Kunst und Massenmedien.

B 62 (Helltürkis/Helltürkis) Kreativer Ausdruck von allem, was das Herz bewegt.

B 85 (Türkis/Klar) Kreativer Ausdruck des eigenen Lichtes.

B 86 (Klar/Türkis) Kreativer Ausdruck der Schöpfung.

8 Wissen

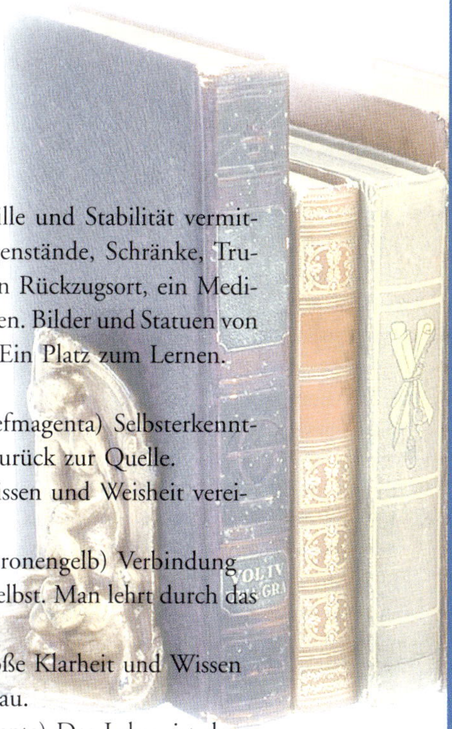

Ein Ort, der Ruhe, Stille und Stabilität vermitteln soll. Schwere Gegenstände, Schränke, Truhen, die Bibliothek. Ein Rückzugsort, ein Meditationsplatz mit Kristallen. Bilder und Statuen von Weisen oder Heiligen. Ein Platz zum Lernen.

B 0 (Königsblau/Tiefmagenta) Selbsterkenntnis bringt uns zurück zur Quelle.

B 4 (Gelb/Gold) Wissen und Weisheit vereinen sich.

B 47 (Königsblau/Zitronengelb) Verbindung zum Höheren Selbst. Man lehrt durch das eigene Beispiel.

B 70 (Gelb/Klar) Große Klarheit und Wissen durch Innenschau.

B 78 (Violet/Tiefmagenta) Das Leben ist der größte Lehrer.

B 90 (Gold/Tiefmagenta) Sorgfältiger Ausdruck der Weisheit.

9 Ruhm/Anerkennung

Das Emporsteigende wird durch Kerzen, durch Klarheit und Licht dargestellt. Warme Farben, gesunde Pflanzen, Sonnensymbole, Öllampen, Bilder und Krafttiere, Bilder die mit Ruhm und Erfolg zu tun haben, sakrale Ritualgegenstände.

B 55 (Klar/Rot) Die gelungene Vereinigung von Geist und Materie.
B 89 (Rot/Tiefmagenta) Göttliche Liebe auf die Erde gebracht.
B 95 (Magenta/Gold) Der Seelenstern vereint mit dem Persönlichkeitsstern.

Weiterhin gibt es universelle Flaschen, die überall dort eingesetzt werden können, wo ihre Energie benötigt wird:

B 2 Überall dort, wo die Energie des Friedens benötigt wird.
B 16 Überall dort, wo Heilung notwendig ist.
B 26 Überall dort, wo Schock erfahren wurde.
B 52 Überall dort, wo bedingungslose Liebe wichtig ist.
B 54 Überall dort, wo die Energie der Klärung angesagt ist.
B 63 Überall dort, wo mehr Raumbedarf besteht.

Die Liste ließe sich endlos weiterführen. Finden Sie auch hier Ihren persönlichen Energieträger. Betrachten Sie vor allem die genannten Flaschen als Anregung, um sich mit der gesamten Palette der Möglichkeiten auseinander zu setzen, um Ihr ganz persönliches Energiemittel herauszufinden. Spüren Sie immer nach, welche Symbole und Hilfsmittel Sie stärken. Wo fühlen Sie sich weit, in der Freude und in der Kraft; und was schwächt Sie? Gehen Sie nach Ihrer Intuition vor, und arbeiten Sie mit der stets vorhandenen Weisheit im Inneren.

PRAXIS-BEISPIELE

Maria hat sich mit Feng Shui auseinander gesetzt und für ihren eigenen Wohnbereich erkannt, dass der Partnerbereich der gesamten Wohnung geschwächt ist. Es befindet sich dort ein einfacher Wintergarten, der aber nicht viel benützt wird, da er im Sommer zu heiß und im Winter zu kalt ist. Um diesen Bereich zu aktivieren, hat sie ein Paar Delphine auf einen Tisch im Wintergarten platziert. Ganz nach Gefühl hat sie die Flasche B 11 (Klar/Rosa) dazu gestellt. Man kann sagen, dass das Klar seine Wirkung gezeigt hat, die Energie der Klärung in Bezug auf Themen der Liebe (Rosa) setzte sofort ein. Nach zwei Tagen gestand ihr ihr Mann, dass er ein Verhältnis hatte. Beide entschieden sich daraufhin für eine Paartherapie, die sie aber nicht abschlossen. Nach einiger Zeit hatte Sie das Bedürfnis, die B 11 gegen die B 52 (Rosa/Rosa) auszutauschen, die Energie der bedingungslosen Liebe. Sie ging nun einige Zeit ihren eigenen Weg, um dieses Thema bei sich auszuheilen.

Den Partnerschaftsbereich hielt sie immer besonders sauber, verwendete das Raumspray "Kuthumi" nach eigenem Gefühl und arbeitete nun besonders mit dem Raumspray Koralle, um Schocks in der Liebe und das Gefühl der unerwiderten Liebe auszuheilen. Sie berichtet, dass jedes Mal, wenn sie etwas an den Flaschen verändert oder mit einem Raumspray gearbeitet hat, unmittelbar darauf eine Reaktion erfolgte. Obwohl die klärenden Prozesse auch schmerzhaft waren, sind beide dankbar, dass die reinigende Kraft eine Möglichkeit des Neubeginns für ihre Liebe geschaffen hat.

An diesem Beispiel zeigt sich sehr schön, dass man oft dann auf Aura-Soma und Feng Shui stößt, wenn man bereit ist, in seinem Leben etwas zu verändern. Feng Shui und Aura-Soma bedeuten Veränderung, Klarheit, Wahrheit, Wachstum und Leben. Die Dosis macht das Heilmittel, und die Dosis bestimmt jeder selbst.

Elisabeth ist ebenfalls Aura-Soma-Beraterin mit Interesse an Feng Shui. Sie hatte den Impuls, in den Familienbereich die sieben Aura-Soma-Flaschen zu stellen, die den sieben Haupt-Chakras zugeordnet sind: B 20 (Blau/Rosa), B 1 (Blau/Tiefmagenta), B 2 (Blau/Blau), B 3 (Blau/Grün), B 4 (Gelb/Gold), B 26 (Orange/Orange) und B 5 (Gelb/Rot). Dazu stellte sie ein Foto ihrer Familie. Ihre dreijährige Tochter war bis dahin sehr

anfällig und oft krank. Kurze Zeit darauf war die Tochter gesund und die ganze Familie litt fast ein Jahr lang unter keinen Krankheiten. Das war für sie ein einschneidendes Ersterlebnis der gelungenen Verbindung von Aura-Soma und Feng Shui und hat sie angeregt, mehr Erfahrungen darüber zu sammeln. Inzwischen sind diese Bereiche im täglichen Leben mit ihrer Familie so integriert, dass sie nicht mehr wegzudenken sind.

Ihre kleine Tochter hat ihre jeweils wichtigste Flasche im Kinderzimmer in der Ecke der Hilfreichen Freunde stehen. Wenn die Tochter in den Kindergarten gegangen ist und die Mutter die Wohnung aufräumt, bittet sie die Energie dieser Flasche um unterstützende Kraft für ihr Kind und sprüht ein Raumspray nach Gefühl, das diese hilfreiche Energie für diesen Tag darstellt. Sie fühlt sich dadurch wohl, und die Tochter kommt meist glücklich nach einem schönen Tag nach Hause.

Im Partnerschaftsbereich eines Büros stehen drei Aura-Soma-Flaschen errechnet, nach den Namen der drei Kolleginnen zur positiven Energetisierung ihrer beruflichen Partnerschaft und mit der Bitte um Segen.

Das Badezimmer einer Malerin befindet sich im Bereich "Kinder/Kreativität". Da dieses Zimmer kein Fenster aufweist, bringt sie durch große Spiegelflächen das Tageslicht durch die Tür in diesen Raum und hat oberhalb der Spiegel Naturbilder gehängt. Dazu stellte sie die B 20 (Blau/Rosa - "Das Sternenkind") für ihr leibliches und für ihr eigenes inneres Kind sowie die B 43 (Türkis/Türkis) für pure Kreativität und B 86 (Klar/Türkis) für die Klarheit im kreativen Ausdruck. Sie hat ein wunderbares Verhältnis zu ihrem Kind, und ihre Kreativität fließt in einem Maße, dass sie schon bald nicht mehr weiß, wohin mit den vielen Bildern. Sie ist selbst immer wieder überrascht und von Herzen dankbar, was und in welcher Vielfalt sich durch sie ausdrücken möchte.

Eine Freundin hat in das Fenster ihres Wohnzimmers, welches ihr Partnerschaftsbereich ist, die Flasche B 21 (Grün/Rosa) gestellt mit dem Namen "Neubeginn für Liebe", da dieses Thema zurzeit bei ihr aktuell ist. Das Rosa ist sehr bald blass geworden, was man erklären kann, da die Energie der Liebe viel benötigt wird und das Sonnenlicht zusätzlich ausbleicht, aber das Grün ist ein starkes Türkis geworden. Von der Farbaddition her hätte das Grün zusätzliches Blau gebraucht (Grün und Blau = Türkis). Wie kommt die Farbe in die Flasche, die nun Türkis/Klar ist wie die B 85? Sie selbst hat viel Frieden (Blau) in ihrem Bewusstsein erlangt, dass zur richtigen Zeit der richtige Partner kommen wird. Inzwischen wird sie durch Fürsorge und Liebe für sich selbst das Rosa in sich nähren. Das Thema Partnerschaft (Türkis) wird immer geklärter in ihrem Inneren.

Eine andere bedeutungsvolle Farbveränderung war die Veränderung der Flasche B 2 (Blau/Blau) in B 9 (Türkis/Grün). Im Schlafzimmer einer Kollegin stand in der Zone der Hilfreichen Freunde die Friedensflasche B 2, die ihr ihre mit Aura-Soma aufgewachsene Tochter intuitiv hinstellte. Dort stand sie unverändert ein dreiviertel Jahr. Während eines Kommunikationskurses (Blau ist die Farbe der Kommunikation) wurde ihr ihre eigene Sprache und ihr Seelenauftrag bewusst. Es war der wichtigste Kurs bisher für sie. Als sie nach Hause kam, sah sie den Wandel ihrer Flasche, das Blau hatte sich in Türkis und Grün verwandelt, das Gelb der Erleuchtung und des Wissens kam hinzu. Sie hatte erkannt, dass die Informationen der B 9 - Stille, Kreativität und Herzenskommunikation - in ihr Bewusstsein getreten war. Die B 9 ist die vierte Flasche ihrer Flaschenwahl, die so genannte Zukunft, die man im Hier und Heute erlebt, wenn immer mehr Bewusstsein erfahren wird.

Bevor Sie die Flaschen an einen bestimmten Platz stellen, schütteln Sie sie mit der linken Hand fest auf. Sie geben dadurch Ihre eigene Schwingung hinein. Es ist daher kein Wunder, dass sie dann besonders mit Ihnen arbeiten. Es bereitet Freude und gibt neue Einsichten, wenn Sie Farbveränderungen in Flaschen auf diese Art und Weise betrachten.

Die Feng Shui-Hilfsmittel

Um das Chi in Ihrem Umfeld in Bewegung zu bringen, gibt es wunderbare Helfer. Geben Sie Bereichen und Symbolen eine Priorität, verwenden Sie also nicht zu viel auf einmal, sondern beobachten Sie, was sich durch einzelne gezielte Aktionen verändert. Wenn es Räume gibt, die für Sie stimmig sind, so wie sie sind, lassen Sie sie bestehen.

Es gilt, die für die abendländische Kultur adäquaten und wirkungsvollen Symbole und Hilfsmittel zu finden. Sie sollen nicht in Widerspruch zu Ihrem Lebensstil und der Umgebung der Bewohner stehen und müssen Ihrem Gefühl für Ästhetik entsprechen. Vieles, was von alten Kulturen überliefert wurde, ist dogmatisch und dadurch einengend. Sie dürfen aber die grenzenlosen Möglichkeiten der Inspiration, die Feng Shui für Ihr Leben bietet, uneingeschränkt nützen.

Prinzipiell gilt, dass alle Dinge in Ihrem Leben, die Sie schön finden und zu denen Sie einen Bezug haben, nährende Elemente sind, die Ihre Lebenskraft stärken. Aus diesem Grundprinzip heraus können Sie ganz individuelle Kraftgegenstände für Ihre Wohnung erschaffen.

Ich habe meine Lektion anlässlich einer Beratung bei einem Künstler in seinem Wohnungsatelier gelernt. Dem Eingang in die Wohnung gegenüber, also am Alpha-Punkt, hing ein schwarzes Bild mit roter Schrift, auf dem Worte standen, die ich als destruktiv empfand. Am liebsten hätte ich geraten, dieses Bild abzuhängen. Beim Gespräch fand ich allerdings heraus, dass der hier Wohnende dieses Bild liebt und es ihn freut, es beim Betreten der Wohnung als Erstes zu sehen. Der kinesiologische Muskeltest zum Abfragen, ob dieses Bild ihn stärkt oder schwächt, gab ihm Recht. Es hatte keinen negativen Einfluss auf seine Lebenskraft.
Das verstehe ich unter "nicht eingreifender Beratung", wie es bei Aura-Soma vollzogen wird und wie ich es auch für die Feng Shui Beratung als

notwendig erachte. Es geht um den Menschen und seinen ganz individuellen Weg zur Heilung und Harmonie. Der kompetente Feng Shui Berater ist Begleiter und erstellt gemeinsam mit dem Klienten das Konzept für mehr Lebensqualität.

Hier nun einige Anregungen:

Farben

Farbe ist Leben und der Schlüssel zum Geheimnis des Lebens in allen Weisheitslehren.
Farben sind im privaten wie auch im beruflichen Umfeld von eminenter Bedeutung, wobei sie im beruflichen Umfeld noch wenig beachtet werden. Gerade im Geschäfts-Feng Shui liegt in der Sprache der Farbe ein Mittel zu Erkenntnis und Erfolg:

- Farbe ist Lebensenergie,
- Lebensenergie ist Freude,
- Freude ist Erfolg,
- Erfolg ist Geldfluss,
- Geldfluss ist Freude,
- Freude ist Leben,
- Leben ist Farbe.

Träger für Farbenergien sind: Wandfarbe, Möbel, Vorhänge, Bilder, Kerzen, Blumen, Teppiche, Kristalle, Farblicht, Aura-Soma-Flaschen, Farbdüfte, Nahrungsmittel.... Welche Farben Sie wo einsetzen wollen, entscheiden Sie über die Farbaussage, wie sie im Kapitel Farbe spezifiziert ist.

Licht

Licht ist einer der wichtigen Ersteindrücke, wenn wir eine Wohnung betreten. Lichtdurchflutete Räume sind lebendige Räume. Durch verschiedene Lichtquellen, wie Hänge- oder Stehlampen, Wandappliquen und Deckenfluter, können wir auf die jeweiligen Bedürfnisse eingehen. Der Weg zum Haus und der Eingangsbereich sollten besonders gut beleuchtet sein. Auch bei öffentlichen Gebäuden, wie Hotels, Restaurants und Geschäften, wird durch viel Licht Aufmerksamkeit angezogen, und dadurch vermehrt sich das Chi. Im Geschäftsbereich heißt dies, dass sich dadurch der Zustrom der Menschen vermehrt.

Da die meisten Menschen immer mehr Zeit in geschlossenen Räumen verbringen, kann nicht genug Energie des Sonnenlichtes aufgenommen werden. Es gibt nun Vollspektrumtageslicht, das alle Farben des Regenbogens ausgewogen enthält und mehr Energie auch über das künstliche Licht zuführen kann.

Salzkristalllampen

Steinsalzlampen wirken sehr positiv und wohltuend auf den menschlichen Organismus. Sie bewirken eine natürliche Reinigung der Luft durch elektrisch negativ geladene Ionen. Eine Erhöhung dieser Ionen in der Raumluft hat eine gesundheitsfördernde Wirkung. Ihre warmen Farben, von sattem Gelb bis Tieforange, geben ein besonders gemütliches, entspannendes Licht und vermitteln eine Wohlfühlatmosphäre. Sie kann in zu heilenden Bereichen auch Tag und Nacht brennen, je mehr sie eingesetzt wird, desto länger hält sie. Die Salzkristalle, aus denen die Lampen gefertigt werden, sind über 250 Millionen Jahre alt, und jede Lampe ist in Form und Ausstrahlung einzigartig. Es gibt auch Lampen aus Selenit, auch Marienglas genannt. Sie geben ein weißes Licht und üben eine klärende Wirkung auf das vegetative Nervensystem aus. Sie beflügeln die Gedanken und die Inspiration.

Kerzen

Kerzen geben ein wunderbar sanftes Licht und können sehr gut als Stimmungsmacher eingesetzt werden. Das bewusste Einsetzen der Farben für die Kerzen gibt eine zusätzliche Ausrichtung. Das Entzünden der Kerze kann verbunden werden mit einer Intention, einer Bitte für den Tag oder einem Segen - die Flamme wird diese Energie tragen, solange sie brennt.

Sonnensymbole

Alles Leben auf diesem Planeten hängt von der Sonne ab. Das Sonnenlicht schenkt dem Menschen Wärme und erhellt sein Wesen. Wir sprechen aber auch von der spirituellen Sonne, der Sonne hinter der Sonne, die auch als "Licht der Weisheit" bezeichnet wird. Das englische Wort *soul* (Seele) lässt noch eine Ähnlichkeit mit dem lateinischen Wort für Sonne - *sol* - erkennen. Die menschliche Seele kommt von der Sonne und gehört zur Sonne. Die großen Helden oder Sonnengötter sind aus diesen Gründen Personifizierungen der Sonne, die von der jungfräulichen Mutter geboren werden.

Da die Menschen in Mittel- und Nordeuropa oft an Sonnenmangel leiden, vermitteln die Sonnensymbole die Qualität und Kraft, die in der Sonne liegen. Sie ersetzen das Sonnenlicht nicht aus physikalischer Sicht, erfreuen aber das Gemüt und stärken durch ihre Yang-Energie.

Die DNS-Spirale

Die DNS-Spirale wird gerne im Zentrum der Wohnung eingesetzt. Sie schafft ein stabilisierendes Gleichgewicht, erzeugt Lebensenergie und übt eine inspirierende Kraft aus. Die DNS-Spirale ist der Doppelspirale der Desoxyribonukleinsäure nachgebildet, die in jeder Zelle des Menschen die Erbinformation speichert. Im Tai Chi zentriert und verteilt sie das Chi in alle Bereiche. Hier kann man auch die Seelenflaschen (die erste und wichtigste der vier gewählten Aura-Soma Flaschen) der Hausbewohner als zentralen Anker aufstellen.

Pflanzen

Verwendet werden Pflanzen sowohl im Außenbereich, etwa in der Gartengestaltung, als auch in den Innenräumen. Pflanzen verfügen über ein eigenes energetisches Feld und stehen physisch und psychisch mit den Menschen in Verbindung. Gesunde Pflanzen können die Lebenskraft in einem Raum stark anheben; dazu dienen sie auch als Luftfilter und Luftbefeuchter. Wenn Pflanzen in bestimmten Räumen schlecht wachsen und immer wieder eingehen, zeigt dies an, dass auch je-

ner Bereich krank ist. Prüfen Sie die entsprechende Zone im Bagua und hinterfragen Sie dieses Lebensthema.

Die meiste Lebensenergie besitzen blühende Pflanzen. Sie symbolisieren Fülle und Lebensfreude. Gesunde Grünpflanzen benötigen Licht für ihr Wachstum. Wo dies nicht vorhanden ist, können wir Schnittblumen einsetzen. Jeder Blumenstrauß wertet einen Raum sehr auf und steigert das Lebensgefühl. Seidenblumen sind eine weitere Möglichkeit, es gibt jetzt schon sehr geschmackvolle Ausfertigungen. Sie bringen zwar nicht so viel Energie, wirken jedoch durchaus förderlich auf das Unterbewusstsein des Menschen. Getrocknete Blumen stehen für vertrocknetes Leben und sollen daher wenig bis gar nicht verwendet werden.

Pflanzen sind wie Freunde, sie sind lebendig und benötigen entsprechende Pflege. Wie im Kapitel über Garten Feng Shui dargelegt, lieben auch Pflanzen die Energien von Aura-Soma und lassen sich gerne verwöhnen und durch Anreicherung des Gießwassers mit ein paar Tropfen der Farbessenzen, Pomander (vor allem Gold) und Meisteressenzen (besonders Kuthumi) unterstützen.

Kristalle

Die Regenbogenkristalle sind zu Recht eines der beliebtesten Hilfsmittel im Feng Shui. Die in verschiedenen Formen facettierten Bleikristallanhänger können vielseitig eingesetzt werden - zum Verteilen, zum Lenken, zum Aktivieren des Chi. Es gibt diese Anhänger auch aus klarem Bergkristall, dadurch verfügen sie über eine noch höhere Schwingung. Wenn sie am Fenster hängen, durch das Sonnenlicht fällt, zeigen sie den wunderbaren Effekt, dass das durchscheinende Sonnenlicht in die Spektralfarben des Regenbogens zerlegt wird und viele kleine farbige Lichtpunkte in den Raum gezaubert werden. Dies ist eine Schwingungserhöhung der besonderen Art und vermittelt sehr viel Freude. Die Kristalle sollten von Zeit zu Zeit gereinigt werden. Dazu bieten sich der weiße Po-

mander und die Meisteressenz "Serapis Bey" vorzüglich an. Man kann ein paar Tropfen auf ein Tuch geben und damit den Kristall reinigen und energetisieren. Er strahlt dadurch verstärkt die Energie der Klarheit und des Lichtes aus.

Vielleicht erinnern Sie diese Regenbogenfarben auch an die biblische Erzählung von Noah, dem Gott versprach, niemals wieder die Zerstörung der zu Erde erlauben. Dieses Versprechen wurde erstmals durch das Spektrum der Farben in Form eines Regenbogens symbolisch dargestellt. "Meinen Bogen habe ich gesetzt in die Wolken; der soll ein Zeichen sein des Bundes zwischen mir und der Erde." (1.Mose 9:13)

Edelsteine/Mineralien

Edelsteine sind wunderbare Energieträger in der Wohnung. Sie fungieren als Katalysatoren für das menschliche Bewusstsein. Ein Kristall kann Ihre Absicht besonders stark ausstrahlen. Sie können Ihren Stein auch für einen bestimmten Zweck programmieren. Sie bitten ihn zum Beispiel um Schutz für Ihr Heim oder um die Energie des Friedens. Runde Formen wirken beruhigend und besänftigen den Energiefluss. Spitze Formen wirken grundsätzlich aktivierend. Sie können die Steine nach der Farbschwingung aussuchen.

Die Edelsteinschwingung ist in allen Aura-Soma-Produkten zusätzlich zur Farb- und Pflanzenenergie enthalten. Es macht Freude, sich mit den Halbedelsteinen auseinander zu setzen und ihre hilfreiche Kraft wahrzunehmen - die klärende Schwingung des Bergkristalls, das Liebevolle des Rosenquarzes, die ausgleichende Kraft des Amethysts oder die schützende Energie des Türkis. Kristalle reagieren auf Aura-Soma in Form der Pomander und Meisteressenzen zur Reinigung und Energetisierung ausgesprochen positiv.

Für den Partnerbereich bieten sich die "Moqui-Marbles" an. Diese Energiesteine sind den Indianern schon seit vielen hundert Jahren bekannt und bedeuten so viel wie "treuer Liebling". Sie bestehen aus einer geheimnisvollen Legierung von Metallen und werden als lebende Steine bezeichnet. Es gibt bei den Moquis weibliche und männliche Steine, die männlichen haben eine rauere Oberfläche, ein Ufo-förmiges Aussehen und einen rechtsdrehenden Energiefluss. Die weiblichen Steine sind runder, ihre Oberfläche ist samtartiger und der Energiefluss ist linksdrehend. Sie lie-

ben es, paarweise beisammen zu sein und bedürfen noch mehr als andere Mineralien der liebevollen Zuwendung, auf die sie auch spürbar reagieren. Probieren Sie es aus!

Wasser

Wasser wird in vielen Religionen als heilig und lebensspendend betrachtet. Der menschliche Körper und die gesamte Erde bestehen zu mehr als siebzig Prozent aus Wasser, daher ist es auch ein lebensnotwendiges Element. Wasser versinnbildlicht im Feng Shui Reichtum, Fülle und Glück. Die Kraft des Wassers kann über Wasserbilder, wie etwa Wasserfallposter, vermittelt werden oder direkter durch Zimmerbrunnen. Brunnen sorgen über die Befeuchtung der Luft auch für ein gesundes Raumklima. Das sanfte Plätschern des Wassers kann sehr beruhigend wirken.

Wasser ist ein sehr guter Träger für feinstoffliche Informationen. So können Sie dem Wasser des Zimmerbrunnens zum Beispiel die Farbinformation der Essenzen von Aura-Soma zugeben, um mit der roten Farbessenz (Wasser mit etwas Alkohol, keine öligen Anteile) mehr Energie in den

Raum zu bringen. Mit Blau erzeugen Sie mehr Ruhe und Frieden oder mit Gelb Freude und Frische.

Persönlich stelle ich gerne auch ganz individuelle Essenzen her, die auf persönliche Umstände und Energiebedürfnisse abgestimmt sind. Diese können dann dem Brunnenwasser, aber auch dem Gießwasser, dem Badewasser usw. zugegeben werden und begleitend Unterstützung für Ihren Weg bieten.

Aquarium

Das Aquarium ist ein klassisches Feng Shui Mittel und wird besonders für die Bereiche Reichtum und Karriere eingesetzt. Es belebt die Raumenergie, stärkt das Wasser-Element, steigert den Gehalt an negativ geladenen Ionen in der Luft und übt eine sehr entspannende und ausgleichende Wirkung aus. Ein Künstlerehepaar in meinem Freundeskreis beschäftigt sich intensiv mit Feng Shui und Aquaristik. Jeder hat sein eigenes Aquarium, das die entsprechende Persönlichkeit total widerspiegelt. Das seine ist nach klassischen Prinzipien im Stile eines Zen-Gartens erstellt, ihres ist sehr bunt, die Fische kommen zum Finger, um gestreichelt zu werden. Es symbolisiert Spaß und sprudelnde Lebensfreude, und eine Aura-Soma Flasche befindet sich ebenfalls in dieser bunten Unterwasserwelt.

Bilder

Betrachten Sie die Bilder, mit denen Sie sich umgeben, und spüren Sie nach, wie die Motive auf Sie wirken. Oft hängen Bilder in einer Wohnung aus Gewohnheit oder weil man sie geerbt hat. Alle Kunstwerke sollten die Lebensenergie fördern. Sie tragen die Energie des Malers, der vielleicht sein seelisches Unwohlsein ausgedrückt hat. Prüfen Sie ihre Wirkung und umgeben Sie sich nur mit Bildern und Kunstgegenständen, die Ihnen gefallen, die positiv auf Sie wirken und Sie erfreuen. Andere, auch interessante Ausdrucksformen der Kunst können Sie ja bei Ausstellungen oder im Museum betrachten.

Bilder aus der Natur oder Fensterbilder können ein nicht vorhandenes Fenster zwar nicht vollkommen ersetzen, aber dem Unterbewusstsein das Gefühl von Weite vermitteln. Patienten in Krankenhäusern genesen schneller, wenn sie von ihrem Bett aus einen Blick aus dem Fenster auf die Natur werfen können. Ist das nicht möglich, bewirken Poster mit diesen Motiven fast den gleichen heilsamen Effekt.

Bilder oder Statuen von Göttern oder Göttinnen haben eine inspirierende Wirkung, sie sind mit

den Schwingungen der Verehrung geladen, die das kollektive Unterbewusste mit der jeweiligen Gottheit verbindet. Hinterfragen Sie aber, inwieweit das Motiv noch für Sie passt.
Eine Freundin war sehr stolz auf ihren Venusplatz im Garten. Sie schuf einen Kraftplatz für ihre Weiblichkeit mit der Komposition aus Pflanzen und Steinen, wie Rosenquarz und Labradorit, einer Muschel, der Aura-Soma-Flasche B 34, die die "Geburt der Venus" heißt, und einer Venus-Statue. Erst als ein Feng Shui Berater sie darauf aufmerksam machte, dass die Figur keine Arme hatte und ihre Weiblichkeit daher auch nicht zupacken konnte, fiel ihr auf, dass sie beim letzten Zusammensein mit ihrem Freund ihre eigenen Arme wie gelähmt empfunden hatte und unfähig gewesen war, sie liebevoll einzusetzen.

Tiere

Lebende Tiere tragen sehr viel zur Lebenskraft in einem Haus bei. Die Liebe zu Ihrem Haustier strahlt im ganzen Umfeld aus. Meine Katze begleitete mich sehr intensiv beim Schreiben dieses Buches, in dem sie sich auch oft auf das Manuskript setzte, das ich gerade bearbeitete oder noch lieber direkt auf den warmen Laptop. Da ich in dieser Zeit sehr zurückgezogen lebte, war ich für ihre Begleitung sehr dankbar.

Alte Kulturen haben in Tieren Verbündete als Boten der göttlichen Energie gesehen, und jeder Mensch besitzt ein Krafttier, das ihm Führung, Stärke und Schutz zukommen lässt. Sie können auch sehr machtvolle Hausbeschützer sein. Gerne setzt man im Feng Shui dafür die Löwen rechts und links vom Eingang.

Nicht nur im Kinderzimmer finden sich Teddybären. Sie sind auch für Erwachsene wunderbare Begleiter im Schlaf. Bären halten ja selbst Winterschlaf und ziehen Heilenergie an. Es kann sehr tröstlich sein, einen weichen Teddybären zum Halten zu haben.

Die Schildkröte repräsentiert die Mutter Erde. Sie wird auch mit Schutz, Dunkelheit und Trost in Verbindung gebracht und vermittelt ein starkes Gefühl der Sicherheit. Darum ist sie das Symbol für Rückendeckung bei einem guten Platz für ein Haus oder für unseren Sitzplatz. Vom Sitzenden aus betrachtet, steht also die Schildkröte hinter uns, der Drache links, der Tiger rechts und der Phönix vor uns. Auf ein Grundstück übersetzt

heißt dies, dass ein höherer Berg oder Wald hinter dem Haus, rechts sanfte Hügeln, links die höhere Erhebung und vor dem Haus ein weiter Ausblick, womöglich mit einem fließenden Wasser, energetisch gesehen die Ideallage für ein Haus wäre.

Der Delphin und der Wal sind sehr beliebte Symbole für die zurzeit stattfindende Transformation auf der Erde. Sie übermitteln die Energie der Freude, der Kommunikation und der wechselseitigen Verbundenheit. Delphine sind sehr auf Zweisamkeit, Familie und Gemeinschaft hin orientiert. Sie haben zum Thema Liebe und Freundschaft viel zu vermitteln.

Bewegte Objekte

Unbelebte Ecken und wenig aktive Räume bekommen mit Mobiles mehr Dynamik. Mobiles bremsen auch den Durchzug von Chi. Windräder, Fahnen und Bänder bringen auch im Außenbereich neues Leben.

Klangspiele erzeugen Klänge, wenn der Wind sie bewegt. In Innenräumen können Sie sie ja manchmal selbst bewegen. Sie wirken auf jeden Fall auch durch die nicht hörbaren Schallwellen. Es gibt Klangspiele, die nach Planetenfrequenzen gestimmt sind und die jeweilige Qualität verstärken können, z.B. steht Jupiter für Reichtum und Glück, Venus für die Weiblichkeit, Mars für die Männlichkeit und Sonne für Kraft und Macht. Sie können Energieautobahnen abbremsen, angreifende Energien verteilen, durch ihre Schwingung harmonisieren und durch ihren Klang erfreuen.

Spiegel

Die Verwendung von Spiegeln wird im klassischen Feng Shui sehr empfohlen, um Fehlbereiche auszugleichen und optische Erweiterung zu bringen. Spiegel müssen jedoch sehr achtsam eingesetzt werden. Ursprünglich waren sie magische Instrumente, im Märchen "Alice im Wunderland" geht Alice durch einen Spiegel in die Geisterwelt. Wenn man in einen Spiegel sieht, erblickt man sich selbst, der grobstoffliche Anteil wird reflektiert. Der feinstoffliche Teil geht jedoch hindurch, so dass anzunehmen ist, dass zu viele Spiegel in der Wohnung das Immunsystem schwächen können. Außerdem schaffen Spiegel eine Illusion, wie im Spiegelkabinett. Im Schlafbereich ist von der Verwendung von Spiegeln abzuraten, da sie auch die Störenergie von Wasseradern und elektrischen Geräten verstärken und den Schlafenden spiegeln können. Ein Spiegel gegenüber der Eingangstür reflektiert kosmisches Chi zur Tür hinaus, so dass die Energie nicht in das Haus fließen kann.

Verwenden Sie Spiegel ganz bewusst. Sie sollten auch nur schöne Motive widerspiegeln und so gehängt werden, dass sie den Chi-Fluss günstig weiterleiten. Das Symbol des Bagua mit einem Konvexspiegel in der Mitte ist ein machtvolles Instrument und dient dem Schutz. Der Platz dafür wäre über der Eingangstür eines Hauses. Das Bagua-Symbol mit einem Konkavspiegel kann angreifendes negatives Chi ablenken und streuen. Vielleicht verwenden Sie aber lieber ein unserer Kultur näheres Symbol, wie etwa einen glänzenden Türklopfer, der ebenfalls wie ein Spiegel wirken kann.

KRAFTPLÄTZE SCHAFFEN

Mit Kraftplätzen können Sie Bagua-Zonen bereichern oder an einem für Sie passenden Ort eine Installation schaffen, die einem bestimmten Zweck dient oder einfach Freude bereitet. Sie können so einen weihnachtlichen Platz errichten oder eine

österliche Zusammenstellung, die für Sie die Frühlingsenergie des Neubeginns darstellt. So können Sie durch das Einbringen von Symbolen Hausaltäre aufbauen, die Ihnen persönlich etwas bedeuten. Diese können kleine Andachtsstellen, Ruhepole oder Energiezentren sein. Mich begleiteten beim Schreiben dieses Buches rote Kerzen in Kerzenhaltern mit Sonne, Mond und Sternsymbol und die Flasche B 55 (Klar/Rot) zur Erdung der Inspiration. Dazu gesellten sich Ganesha, ein indischer Gott, der hilft, alle Hindernisse zu überwinden, sowie ein Bild eines Schutzengels, der sehr verschmitzt lächelt.

Eine weitere Möglichkeit wäre es, auch die eigene Seelenflasche und schöne Blumen auf einen markanten Platz zu stellen, zur Erinnerung an die innere Essenz, an das wahre innere Wesen.

Dem Erzengel Jophiel, repräsentiert in der Flasche B 101 (Hellblau/Helloliv), errichtete ich einen kleinen Altar mit einer Coelestin-Druse. Der Coelestin mit seiner himmelblauen Farbe verfügt über eine sehr verbindende Energie für Körper, Geist und Seele, fördert klare Kommunikation auf allen Ebenen und den himmlischen Frieden im Inneren und Äußeren. Mit der Flasche B 101 scheint nach der gewaltigen Flasche B 100, dem Erzengel Metatron (Klar/Tiefmagenta), etwas Neues in Fluss zu kommen. Die B 101 ist dem Wasser-Element zugeordnet. Die hellblaue Energie des Coelestins, der auch "Aqua Aura" genannt wird, nähre ich durch Besprühen mit der Meisteressenz von "El Morya", der das Blau des Vertrauens und das "dein Wille geschehe" trägt.

Auf der spirituellen Ebene besteht die Möglichkeit, den Wohn- und Arbeitsbereich auf folgende Weise zu energetisieren und zu harmonisieren. Nehmen Sie eine Zeichnung des Baguas, also ein Blatt mit dem Raster der verschiedenen Bereiche oder einen Spiegel in Form des achteckigen Baguas. Dies ist eine sehr starke Übung, führen Sie sie mit der entsprechenden Ausrichtung und der Bitte um Klarheit und allerhöchste Energie aus. Verbinden Sie sich mit der Kraft der Erde und des Himmels sowie mit ihrer Herzensenergie. Verdeutlichen Sie sich, welche Zone welchem Lebensthema zugeordnet ist und beginnen Sie bei der Zone Ihres Eingangsbereiches.

Entweder Sie haben die Möglichkeit, aus allen Aura-Soma-Flaschen direkt zu wählen, oder Sie nehmen sich ein Buch mit den Abbildungen der Flaschen zur Hand. Betrachten Sie nun alle Flaschen und fragen Sie sich, welche am besten den Bereich in ihrer Wohnung und dieses Thema in ihrem Leben symbolisiert. Wählen Sie eine Flasche aus und stellen Sie diese mit Sorgfalt auf die Zone. Nun fragen Sie sich, welche Flasche für den nächsten Bereich am besten ist und stellen Sie diese in die entsprechende Zone. So fahren Sie fort, bis Sie für jeden Bereich eine für Sie stimmige Flasche gefunden haben. Lassen Sie nun das gesamte Bild auf sich wirken. Die Flaschen und ihre Informationen geben Ihnen Aufschluss über den jeweiligen Bereich Ihres Lebens und Ihrer Wohnung. Die so genannte "Flaschenlesung", die Sie sonst mit den vier von Ihnen gewählten Flaschen durchführen, haben Sie nun auf Ihre Wohn- und Lebenssituation umgesetzt.
Aura-Soma und Feng Shui wirken so als Spiegel zu Ihrer Seele und als Schlüssel zur Seele Ihrer Wohnung.

SCHLUSSWORT

Aura-Soma und Feng Shui stellen zwei Bereiche des Wissens und der Kraft dar, die jetzt so bedeutungsvoll geworden sind, weil sie in der Zeit des Umbruches und der Transformation Werkzeuge bieten, um durch mehr Bewusstsein und Wachheit von der Rolle des Opfers in die Rolle des Schöpfers im eigenen Leben zu wechseln.

Mögen die Anregungen in diesem Buch Ihnen und Ihren Mitmenschen viel Freude und Kraft, viel Liebe und Segen bringen - das wünsche ich Ihnen von Herzen.

DANKSAGUNG

Allen wunderbaren Wesen, die mich durch ihre guten Gedanken und hilfreichen Energien unterstützt haben, dieses Werk zu vollenden, danke ich sehr.

Namentlich möchte ich nennen und danken:

Mike Booth, der mir Mut gemacht hat, dieses Buch zu schreiben und mich energetisch begleitet hat. Dr. Peter Michel, dem Lektor und Herausgeber dieses Buches, mit Hochachtung vor seiner Weisheit. Annette Wagner für das wunderbare Layout. Dr. Robert Hasinger für die Aura-Soma Flaschenzuordung zu den fünf Elementen. Elisabeth Schranz für das Teilen ihrer Erfahrungen. Ursula Kujal für ihr Heilgarten-Wissen. Hannelore Krammer für ihr Mutmachen. John Dillon-Guy für seine numerologische Weisheit. Margit Berger für ihr Dasein und mich Entlasten. Zudem allen, die je auf die eine oder andere Weise meine Lehrer waren und sind, allen Freunden für ihre Aufmunterung und allen Helfern in der geistigen Welt in Liebe und Verbundenheit.

LITERATURLISTE

Booth, Mike/Dalichow, Irene, Aura-Soma, Heilung durch Farbe, Pflanzen- und Edelsteinenergie, Knaur, München 1994

Booth, Mike, Das Aura-Soma Handbuch, Aquamarin, Grafing 2000

Booth, Mike, Das Aura-Soma Tarot-Buch, Aquamarin, Grafing 1997

Bradler/Scheiner, Feng Shui Symbole, Schirner, Darmstadt 1999

Dalichow, Irene, Krafttiere - Boten der Göttin, Goldmann, München 1999

Dillon-Guy, John, Aura-Soma Numerologie, Aura-Soma, Tetford 1999

Flammini, Galaadriel/Hasinger, Robert, Aura-Soma, Der Weg von Licht & Farbe, Aquamarin, Grafing 2001

Fröhling, Thomas/Martin, Katrin, Feng Shui Heute, Mosaik, München 2000

Jordan, Harald, Räume der Kraft schaffen, Hermann Bauer, Freiburg 1997

Lim, Dr. Jes T.Y., Feng Shui & Gesundheit, Joy, Sulzberg 1997

Linn, Denise, Magie des Wohnens, Goldmann, München 1996

Merivale, Philippa, Die Aura-Soma Farbtherapie, Aquamarin, Grafing 1999

Michel, Peter, Feng Shui, Ordnung des Lebens, Tosa, Wien 2000

Renetzeder, Ilse, The true spirit of Feng Shui, Oktogon, Hemmelzen 1997

Sator, Günther, Feng Shui, Die Kraft der Wohnung entdecken, G/U, München 1998

Sator, Günther, Feng Shui, Harmonie in Partnerschaft und Liebe, G/U, München 1999

Spear, William, Die Kunst des Feng Shui, Knaur, München 1996

Waddington, Nicola, Aura-Soma, die Heilkraft der Quintessenzen und Pomander, Knaur, München 2000

Wall, Vicky, Aura-Soma, das Wunder der Farbheilung, Edition Sternenprinz, Frankfurt 1992

KONTAKTE

KONTAKTADRESSEN:

England:
DEV-AURA
Little London
Tetford nr. Horncastle
GB-Lincolnshire LN9 6QL

Österreich:
AURA-SOMA AUSTRIA
Generalvertretung
Hanni Reichlin-Meldegg
Silbergasse 45
A-1190 Wien
Telefon (+43) 1 36 88 787
Fax (+43) 1 36 81 968
www.aura-soma.at
e-mail: office@aura-soma.at

Schweiz:
Chrüter-Drogerie-Egger
Unterstadt 28
CH-8200 Schaffhausen
Telefon (+41) 56 24 50 30
Fax (+41) 56 24 64 57

Deutschland:
Camelot
Gohrstr. 24
42579 Heiligenhaus
Telefon 02056-931 40
Fax 02056-93 14 44

HAFTUNGSAUSSCHLUSS
„Sämtliche Produkte in diesem Buch über AURA-SOMA™ Produkte spiegeln ausschließlich die persönliche Meinung der Autorin wieder und können Aura-Soma Products Ltd oder anderen Produkten nicht zugerechnet werden.“

DIE CD ZUM BUCH

Die Heilung innerer und äußerer Räume

Der erste Teil der Meditation führt Sie zu Ihren inneren Räumen. Hanni Reichlin-Meldegg begleitet Sie beim Klären der verschiedenen Bereiche Ihres körperlichen Seins und Ihres aurischen Feldes.

Im zweiten Teil dehnen wir das feinstoffliche Umfeld aus und durchwandern mit unserem erweiterten Bewusstsein unsere Wohnräume. Wir erkennen in unserem Wohnumfeld, wo mehr Chi bzw. wo Veränderung auf materieller oder geistiger Ebene notwendig ist.

Im dritten Teil reisen wir mit unserer erweiterten Wahrnehmung in unsere nähere und weitere Umgebung und strahlen Heilenergie in die Welt aus.

Diese Meditation hilft, sich zu zentrieren, die Wahrnehmungsfähigkeit zu steigern, mehr Lebensenergie zu entfalten und geklärtes Bewusstsein und Heilenergie in das Wohnumfeld und über die Erde auszusenden.

Geführte Meditationen von Hanni Reichlin-Meldegg

DAS AURA-SOMA HANDBUCH

Zahlreiche Veröffentlichungen zu den einzigartigen Equilibrium-Flaschen von Aura-Soma haben bei den Freunden von Aura-Soma durch einige Widersprüche Verwirrung ausgelöst. Die Beschreibungen der Flaschen und ihre Wirkweisen deckten sich durchaus nicht in allen Büchern. Um dieser Geistesverwirrung ein Ende zu bereiten, hat Mike Booth sich entschlossen, die grundlegenden Qualitäten aller Equilibrium-Flaschen sowie ihre Einsatzfelder in einem umfangreichen Handbuch zu beschreiben. Mit diesem Grundlagenwerk liegt endlich das offizielle Arbeitsbuch zu den Aura-Soma-Flaschen vor. Es wird sich als unverzichtbares Nachschlagewerk für den Praktiker erweisen und als Quelle der Inspiration für jeden, der sich dem Zauber und den Heilkräften von Aura-Soma nicht entziehen kann. Es zeigt sich anhand der Darlegungen von Mike Booth, welches große Feld die Equilibrium-Flaschen abzudecken vermögen.
Von den täglichen Beschwerden bis hin zu den tiefsten seelischen Blockaden vermag das Aura-Soma-System Hilfe und Heilung zu bringen.
Das Leuchtfeuer der Aura-Soma-Flaschen strahlt aus jeder Seite dieses Handbuches und bringt ein wenig vom Glanz und Duft einer höheren Welt zu jedem, der in ihm liest!
Ein Meilenstein in der Literatur über Aura-Soma und ein unverzichtbares Hilfsmittel für jeden, der sich über die Kunst der Farbheilung informieren möchte!

MIKE BOOTH • DAS AURA-SOMA HANDBUCH

Gebunden, vierfarbig, 144 SEITEN, ISBN 3-89427-151-5